U0067212

焦點解決
短期治療 訓練手冊

Alasdair J. Macdonald 著

許維素、陳宣融 譯

A Workbook on Solution-Focused Brief Therapy with Exercises for Trainers

Dr. Alasdair J. Macdonald

目次

作者簡介

● Alasdair J. Macdonald

　　Alasdair Macdonald 醫師曾於英國國家醫療服務體系（National Health Service, NHS）擔任 35 年的精神科醫師，在精神病學各個領域包含安全照護（secure care）都相當有經驗。Macdonald 醫師接受過心理動力學、團體治療、系統取向心理治療的訓練，是一名註冊立案的家族治療訓練師和督導。他擔任兩個信託基金會的醫療主任，也曾是卡萊爾的聖馬丁學院（St Martin's College）精神衛生研究所的專案負責人。Macdonald 醫師曾任歐洲短期治療協會（European Brief Therapy Association）核心幹部，此協會是焦點解決短期治療極具代表性的協會之一；也曾是多塞特諮商與心理治療信託基金會（Dorset Trust for Counselling and Psychotherapy）前會長、多塞特郡家族諮商信託基金會（Family Counselling Trust）前服務部門主管，以及同伴動物研究協會（Society for Companion Animal Studies）創始人之一。

　　Macdonald 醫師所著的《焦點解決治療：理論、研究與實踐》（*Solution-Focused Therapy: Theory, Research and Practice*）一書於 2011 年再版，並被譯成中文，於 2011 年由大陸的寧波出版社出版。Macdonald 醫師目前是《焦點解決實務期刊》（*Journal of Solution-Focused Practice*）的編輯委員。之前，他在大陸曾指導一個研究小組，

同時是赫爾辛基心理治療研究所的科學顧問，也曾擔任歐洲短期治療協會的學術研究圖書館負責人（research librarian）。他還與人合著過一本為背包客和商務旅客所寫的詞彙書。

　　Macdonald 醫師曾在美國、南非、大陸、臺灣、新加坡、澳洲以及歐洲許多國家任教或帶領訓練工作坊。他在精神衛生領域、刑事犯罪領域應用焦點解決方法上，特別具有經驗。他所帶領的工作坊，主題主要是：焦點解決短期治療專業訓練、於精神衛生領域中使用焦點解決方法，以及將焦點解決取向的機構組織技能，應用於職場中尋求合作。

　　若想獲得更多關於 Macdonald 醫師及焦點解決短期治療的資訊，可至網站 www.solutionsdoc.co.uk。

譯者簡介

許維素

學歷：國立臺灣師範大學教育心理與輔導學系博士

經歷：國立臺灣師範大學教育心理與輔導學系教授

《中華輔導與諮商學報》（TSSCI）主編、編審委員

《教育心理學報》（TSSCI, CSSCI）副主編、編審委員

臺灣焦點解決中心榮譽顧問（設於國立中央大學附屬中壢高級中學輔導室）

Journal of Solution Focused Brief Therapy 籌備委員及編輯委員

台灣輔導與諮商學會常務理事、理事及學校輔導小組召集人

國立暨南國際大學輔導與諮商研究所副教授兼家庭教育中心主任

國立暨南國際大學教育學程中心助理教授兼行政組長

臺北護理學院講師、花蓮師範學院、世新大學、空中大學兼任講師

國立臺灣師範大學學生輔導中心兼任諮商心理師及督導

國立暨南國際大學、少年之家、淡江大學、耕莘健康管理專科學校學生輔導中心兼任督導

臺北市小學專輔、新北市國中專輔，以及臺北市、桃園市、新竹縣市高中輔導教師團兼任督導

2007 年焦點解決短期治療荷蘭阿魯巴島國際研討會籌備委員

2015 年美加焦點解決短期治療年會亞洲經驗代表：閉幕演講與研究日嘉賓

大陸、臺灣、馬來西亞、新加坡焦點解決短期治療訓練講師與督導

宜蘭縣羅東高中專任輔導教師

臺北縣文山國中英文教師、輔導教師

證照：2002 年諮商心理師高考合格

榮譽：2010 年榮獲國立臺灣師範大學教學卓越教師獎

2011 年榮獲台灣輔導與諮商學會傑出服務獎

2011 年榮獲教育學術團體聯合年會優良教育人員服務獎

2012 年 8 月～2013 年 6 月榮獲學術交流基金會傅爾布萊特資深學者赴美研究獎助

2013 年 11 月榮獲美加地區「焦點解決短期治療協會」（Solution-Focused Brief Therapy Association）「紀念 Insoo Kim Berg 卓越貢獻訓練師獎」（The Insoo Kim Berg Memorial Award for Significant Contributions to Training）

2014 年 9 月榮獲台灣輔導與諮商學會傑出人員木鐸獎

2014 年 11 月榮獲教育學術團體聯合年會優良教育人員木鐸獎

2018 年 4 月獲邀為美國陶斯（The Taos Institute）後現代學院院士

陳宣融

學歷：國立臺灣師範大學教育心理與輔導學系博士生

國立臺灣師範大學教育心理與輔導學系／美國密蘇里大學教育、學校和諮商心理學系雙碩士

現任：臺北市學生輔導諮商中心諮商心理師

證照：2016 年諮商心理師高考合格

焦點解決取向學習經驗：接受相關課程訓練超過 400 小時

譯作：與許維素教授合譯《學校輔導中的焦點解決短期諮商》（第三版）

作者序

　　我‧Alasdair James Macdonald，是英國的精神科醫師；退休後，我擔任諮詢顧問相關工作。1970 年，我獲得了格拉斯哥大學（University of Glasgow）醫學學士學位，並成為英國皇家精神醫學院（Royal College of Psychiatrists）院士，我也擁有心理醫學（Psychological Medicine）文憑以及兒童健康文憑。作為一名醫生的長子，以及在鄧迪大學（University of Dundee）受訓與擔任講師的經驗，讓我深刻認識到研究的魅力。我曾經在許多精神醫學部門工作，也完成了個人精神分析工作，成為一名註冊立案的家族治療師和督導者。在重症監護室中應用心理治療的理念，能為我帶來滿足感，如同我擔任兩個信託基金會醫療主任時所體驗到的經驗。在研究方面，我曾經研究過有關營養不良是厭食症的一個因素，以及硫胺素缺乏是酗酒者一個未被充分診斷的問題。

　　焦點解決短期治療（Solution-Focused Brief Therapy）是我個人的特別偏好，因為它似乎比其他個別治療或家族治療取向更為實際和實用。我們在英國建立了第一個經過認證的培訓課程。一直以來，我積極參與歐洲短期治療協會（EBTA）的活動和各項國際研究項目。我也是英國焦點解決實務工作協會（UK Association for Solution-Focused Practice）的創始人之一。目前，我持續在英國帶領工作坊，也參與赫爾辛基心理治療研究所的活動及其焦點解決短期治療碩士學位課程。退休後，我也在臺灣、上海和其他地區，擔任過訓練師和管理顧問。

　　撰寫這本《焦點解決短期治療訓練手冊》（*A Workbook on Solution-Focused Brief Therapy with Exercises for Trainers*）的初衷，是想對焦點解決短期治療有興趣的實務工作者與學生們，介紹它的哲學、原則與實務

工作。焦點解決短期治療的起源地為 1980 年代的美國密爾瓦基市。這個新興的或所謂後現代取向的治療學派，在諸多國家、不同文化區域裡，都已被證實是一個非常有效的治療取向；這一點，是一些心理治療學派無法做到的。焦點解決短期治療具有治療時間所費較少的優點，除此之外，它並不像其他學派，會讓當事人在處理來談議題時經驗到更多的痛苦與焦慮。焦點解決短期治療可以與某些行為治療和其他治療方式（如藥物）結合使用，並適用於個人、兒童、家庭等對象。

這本訓練手冊簡介焦點解決短期治療的各項重點，及其如何應用於各項實務工作中。同時，本書還會提供超過一百個相當實用的練習活動，這些練習活動來自不同實務工作者的經驗分享，包含以下幾種類型，並分以十一個章節來呈現：

- 導入活動：讓參與焦點解決短期治療訓練課程或團體的學員，能開始進行「以優勢為基礎」的練習。
- 反思活動：協助學員能將實務工作置於他們的理論框架內，並進行觀察和反思。
- 練習活動：讓學員練習焦點解決取向的關鍵技術。
- 應用活動：思考焦點解決取向能如何應用於不同場域和多元背景的當事人。
- 補充資源：進一步的閱讀素材及相關資源。

我個人希望這本書能幫助大家採用嶄新的不同方式，學習如何進行教學訓練或執行心理治療工作。由於焦點解決短期治療與其他心理治療學派差異甚大，若能有資深的焦點解決工作者扼要分享理論重點或帶領一些活動練習，將會相當有助於受訓者對焦點解決短期治療的認識。當然，也很希望焦點解決短期治療的訓練師與學習者，都能從這本訓練手冊中發現更多有用的資源。

譯者序

　　數著數著，認識 Alasdair J. Macdonald 醫師竟然已經快十五個年頭了。第一次在新加坡的焦點解決短期治療研討會中，對他的溫文儒雅印象極為深刻。隨著我們彼此交流密集增加之後，更加發現，無論詢問他什麼問題，他都能夠解答，讓我衷心覺得 Macdonald 醫師極像是焦點解決短期治療的圖書館，收集著、記錄著、珍藏著焦點解決短期治療的歷史、發展與成就。

　　《焦點解決短期治療訓練手冊》一書的問世，正是在這樣的機緣脈絡下發生的。當 Macdonald 醫師亦師亦友地與我分享他多年來擔任實務工作者、訓練師、督導、教練時帶領的各種焦點解決訓練活動時，驚為天人的我，鼓勵他出版這些實用的訓練活動，以嘉惠焦點解決短期治療的實務工作者與訓練師。Macdonald 醫師本來有些猶豫，但在心理出版社林敬堯總編輯的大力支持下，讓 Macdonald 醫師願意將這些實務內容積極彙整出版。而讓我覺得最為有趣與開心的是，在翻譯這本書的過程中，我會將我的閱讀意見隨時與 Macdonald 醫師分享，他也會和我一起討論，再次修正原稿的內容；這樣一邊討論、一邊修改的歷程，讓我們彼此對話得更多、相互激盪得更深。能與焦點解決短期治療領域長老級的前輩如此交流，著實是一種幸福、一種滋養。

　　對於經常做焦點解決短期治療訓練工作的我，在閱讀與翻譯《焦點解決短期治療訓練手冊》時，真的覺得非常受用。在本書的各章裡，除了有著 Macdonald 醫師畫龍點睛的重點說明之外，書本的章節架構還參照了焦點解決短期治療的流程要素，並加入多元層面（如企業、督導）的應用。而附錄的文章，也能讓讀者透過 Macdonald 醫師這位歷史的見證

者，得以窺見焦點解決短期治療的現代發展。本書最難得的特色之一，是收錄許多豐富多樣、實際可帶領的活動。大多數的活動是 Macdonald 醫師多年的智慧結晶，另外一些活動，則是 Macdonald 醫師從焦點解決實務工作者的經驗分享而來，彙整於本書之中。

　　一如 Macdonald 醫師在書中不斷強調「語言匹配」的原則，一本翻譯書籍也很需要在地語言化。在此，特別感謝另一位譯者——臺北市學生輔導諮商中心陳宣融諮商心理師，她細心、耐心的協助本書翻譯的過程，大大增添了本書的正確性及可讀性。

　　焦點解決短期治療的創始人之一 Insoo Kim Berg 曾說：「教一遍、學兩遍。」焦點解決短期治療易懂、易學、易用的特徵，讓焦點解決短期治療的推廣大有成果。而《焦點解決短期治療訓練手冊》這樣兼具完整度與寬廣度的訓練教材，實不多見。相信讀者不僅可以透過每項活動，自行提升對焦點解決短期治療的學習之外，也能直接帶領書中的各項練習活動。最為可貴的是，讀者將會發現，在閱讀過程中，能深刻感受Macdonald 醫師對於焦點解決短期治療的高度熱愛與豐富經驗，默默地鼓舞著進行各項實務工作的我們，並讓深受激發的我們，饒富創意！

國立臺灣師範大學教育心理與輔導學系退休教授

許維素

2022 年 2 月

CHAPTER **1**

本書指南及暖身導入活動

我喜歡焦點解決短期治療已經超過三十年了。

這本訓練手冊的基礎,來自我與多位焦點解決領域訓練師接觸的寶貴經驗。他們極具天賦,擁有很多從未出版但口耳相傳的專業技能。如今,這些經驗和技能,將透過這本訓練手冊得以窺見。

寫在前頭:如何於練習活動後提供學員回饋

在一個練習活動進行之後,再來的重點工作就是如何給予練習者回饋。我們希望課程帶領者與學員的關係、學員與學員之間的互動,都同樣依循焦點解決短期治療看待「治療師—當事人」關係的觀點來推進。如同在治療中看待當事人的觀點,焦點解決取向訓練中的學員也應該被認為是擁有足夠勝任能力的人,是有能力自我提升學習的成果。就我們的經驗而言,當大家在練習活動中關注學員的成功及工作中做了什麼是有用之處,是最能激勵學員的學習效果和狀態。如果,當課程中有人開始意圖討論看似「做錯」之處時,可以將團體討論的焦點轉為詢問扮演當事人的夥伴:「如果可能,可以改成做些什麼來取代(instead)?」或者,大家也可以合作腦力激盪一番,一起思考:「還可以改做些什麼,來讓治療會談變得更為有效。」課程帶領者需要向學員強調:給予回饋時,明確及具體化是很重要的原則。舉例而言,如果大家對擔任訪談者的學員說:「在目標建

立上，你做得很好。」就不是一個具體而有用的回饋。如果能這樣表達：
「你詢問了當事人：『你希望今天在我們會談之後，可以有什麼不同？』
這看起來很有用喔。」會是一種比較有助益性的回饋。又例如，與其說：
「你給了當事人很棒的讚美。」不如具體講出演練者剛才給予的哪一句讚
美，是很不錯的。

開場

練習活動 1-1・要握手的人太多啦（Alasdair Macdonald）

❖ 活動目的：給焦點解決短期治療訓練工作坊新手學員的暖身開場。

　　這個活動適合用於任何學員人數的工作坊，幾個人到幾百人的課程或
團體都可以。起初，這個活動是為了學員人數多、難以進行個人自我介紹
的團體所設計的；後來發現，這個活動對於小型團體一樣適用。另外，當
課程需透過口譯人員來進行時，這個活動能在減低語言阻礙的同時，提供
成員更多機會來接觸彼此。

　　這個活動最適合剛開始接觸焦點解決短期治療觀點的學員，在一開始
相互認識時使用。如果課程帶領者想在學員第二次見面時使用這個活動，
就需要再修改其中的系列問句。這個活動不適合固定聚會的團體使用（如
持續性的督導），因為學員之間都已經相互熟悉了。

1. 活動的實用效益

　　當課程帶領者指認出學員所具有的勝任能力時，會幫助學員瞭解到，
你認可了他們的能力，在此同時，也會促使他們辨識和肯定自己的能力。如
此一來，將會更容易導向後續「聚焦於勝任力、優勢與復原力」的活動與對
話。對於彼此的好奇心，乃會鼓勵雙方參與、投入於彼此的社會互動中。

　　舉手的動作，打破了封閉式的肢體語言，讓身體姿勢處於開展的狀態；這能增加學員積極參與後續活動與工作的可能性。有些人相信，人們的慣用手（通常是右手）代表著生命中意識清晰、控制的一面；而非慣用手（通常是左手）則支持著人們潛意識、自發性的層面。因此，在這個活動中，帶領者會提出幾個問題，前兩個問題會請學員以特定某隻手來進行動作。這個做法可鼓勵學員更關注後續問句的措辭用語。在提出前兩個問題後，為了節省時間，後續問題裡的用語則不用再請學員選擇特定的手來進行動作。

　　這個活動預期的效益是：學員會微笑，顯得高興及驕傲，會注視著彼此，或出現小聲的詢問：「是哪種寵物啊？」這類話題。

2. 活動細節的描述

　　活動帶領者提出以下問題，每當提出一個問題時，需稍加停頓，好讓學員進行動作，也讓活動帶領者有時間觀察學員的反應。

　　「我希望能多認識大家一些。所以，
- 如果你曾經參加過焦點解決短期治療相關訓練，請舉起你的『右』手。
- 如果你有兄弟姊妹，請舉起你的『左』手。
- 如果你住在_____（本次工作坊舉辦的城市），請舉手。
- 如果你今天是開車來參加工作坊的，請舉手。
- 如果焦點解決短期治療是你在與人工作時偏好使用的取向，請舉手。
- 如果你是一名父親或母親，請舉手。
- 如果你是與青少年或兒童一起工作的助人者，請舉手。
- 如果你有養寵物，請舉手。
- 如果你的寵物不是狗也不是貓，請舉手。

- 如果你會演奏某種樂器，請舉手。
- 如果你有正值青春期的孩子，請舉手。
- 如果你有參加某種團隊運動（像是籃球、排球），請舉手。
- 如果你會講超過一種語言，請舉手。

以上這些事情所涉及的能力，會與我們今天要做的事情有關，因為這些事情都需要擁有在複雜情境中進行溝通的知識，也都需要具備與他人有效互動、合作的能力，不管是透過語言或其他方式來進行。」

在學員舉手的同時，課程帶領者需環繞觀察所有的學員，與學員眼神接觸；點頭、微笑、展現你驚豔的表情，都會有所幫助！如果方便，課程帶領者可以在學員舉手時記錄舉手的人數，這會讓學員感覺到你很認真看待他們的反應。最直接有用的訊息是，讓課程帶領者能夠得知會場中已對焦點解決觀點有所認識的人數比例，以及偏好採用焦點解決取向進行工作的學員比例。這些訊息能幫助課程帶領者開展工作坊的後續活動。例如，如果有很高比例的學員會演奏樂器或唱歌，便可以在工作坊中多使用音樂性的隱喻。又例如，若課程帶領者自己能流利的說某種第二語言時，可以在最後補充一個問句：「如果你會說_____（某種第二語言），請舉手。」若有很多人都會說這個語言，課程帶領者便可以在講解或示範時，適時運用這個語言來協助澄清語意和回答問題。

完成前述步驟之後，還可以接續下一個活動（Wei-Su Hsu 提供）：請學員三人一組，分享剛剛自己舉手過的事項有哪些。接著，每位學員都接受其他兩位夥伴對於這些事項的「勝任力訪談」。訪談的問句如：「你能做到_____（事情）的小秘訣是什麼？」、「做這些事情需要的條件是什麼？」、「如果要養一隻狗，你認為需要有什麼樣的準備？」

3. 活動「訣竅」——背景和評論

- 我之所以會發展出這個活動，是因為有一次與工作坊主辦方事前溝通

的誤解所致。我原本準備的是一個適合三十位學員的工作坊活動，但臨場面對的卻是一百位學員。我不能當場要多出來的七十位學員離開，所以我得立刻修改原有的活動。這也使得此活動的最後版本可以應用於任何工作坊及不同的學員人數團體。從那時開始，幾乎在每個工作坊的開場，我都使用這個活動。我相信，課程帶領者以此活動開展工作坊的瞬間，便啟動了大家對技能與讚賞的關注。

• 如同焦點解決短期治療，這個活動直指學員的優勢與勝任之處，這些能力甚至可能是未曾被辨識、被認可的。如果課程帶領者能選擇並設計出好的發問向度，將可以讓在場的每位學員都有一兩次舉手的機會，那麼，學員們也會覺得，他與你之間、你與大家之間，都產生了連結。

• 提出問題時，所涉及的主題需要廣泛一些，不要是太特定的內容。例如：「如果你在一間大公司工作，請舉手」這樣的問句，會比「如果你在『微軟』公司工作，請舉手」要更安全些。

• 關於年齡、婚姻狀態與家庭結構大小的向度容易引發焦慮，宜盡量避免；尤其，若工作坊的學員都來自同一個單位或公司時，這些私人議題常是人們不希望被公開揭露的。

4. 活動所需的技術設備

無須任何技術設備。但是，如果課程帶領者無法看見所有學員，將會降低這個活動的效果。因此，這個活動不太適合在階梯式的禮堂中進行，也不適用於觀眾在其他房間觀看螢幕的環境設施中。

練習活動 1-2 · 相見歡（Peter Rohrig）

❖ **活動目的**：小型團體的暖身活動。

請學員針對自己目前在焦點解決工作中運用相關技巧的情況，以 1 到

10 分來進行自評；10 分是運用得很好、很熟練，1 分是不好、不熟練。接著，請每位學員按照自評的分數，依數字大小在教室裡站成一條直線。之後，將這條直線「對折」，亦即，站在 1 分位置的學員，會與自評站在 10 分位置的學員面對面；自評 2 分的學員，則會與 9 分的學員面對面，以此類推。隨後，請學員和面對著自己的夥伴聊一聊：「是什麼讓自己此刻會自評這個分數？」

另有兩種變化形式：一種是，課程帶領者可以請學員告訴對面的夥伴：什麼樣的事情，將會讓自己移往更高 1 分的位置。另一種是，如果學員們相互熟識且會保持聯絡，則可請學員寫下那些會讓自己前進 1 分的事情；於三個月後，再請夥伴拿出這張紙條來彼此提醒。

簡介焦點解決取向

> 「如果東西沒有壞，就不用修理（如果沒有問題，就不用改變）。
> （If it ain't broke, don't fix it.）
> 一旦知道何處有效，就多做一點。（Once you know what works, do more of it.）
> 如果無效，就不要再繼續了。改做不同的事情吧。（If it doesn't work, don't do it again. Do something different.）」
>
> ——Miller & Berg, 1995

上述幾項原則，概述了焦點解決取向如何思考和參與著人們遭遇的各種問題。焦點解決短期治療主要是由 Steve de Shazer 和其他夥伴一同在美國密爾瓦基市「短期家族治療中心」（Brief Family Therapy Center）發展而出。現今，焦點解決短期治療已經被應用於諸多領域，有效協助人們處理種種問題，例如行為困難、精神疾病、關係困境、暴力、物質濫用等。焦點解決取向也被一些需要與人合作的工作者，大量運用於日常各種生活情境中，

或是應用於管理人員培訓、機構組織發展裡，以提高工作效率，並解決系統結構性的問題。

焦點解決短期治療的核心信念是：由當事人來選擇治療目標，以及當事人自身已經擁有了可用於創造改變的資源。治療師努力用明確、細膩、正向的步伐和互動方式，催化出當事人的描述，使得當事人的描述內容朝向「解決方案的呈現」（presence of solutions），而非僅是「問題的消除」（absence of problems）；同時，也使當事人能具體描述「如何『開始』」新的事物，而非只是談論「如何『停止』」已經發生的事情。治療師採取尊重、無指責的態度，以及合作的立場，致力於實現當事人推論架構（frame of reference）中的目標。

焦點解決短期治療的關鍵方向，可以用 Steve de Shazer 的一句重要箴言作為總結。Steve de Shazer 在《短期治療中的解決之鑰》（*Keys to Solution in Brief Therapy*, 1985, p. 7）一書說道：「對一個陷入煩擾局面的人而言，唯一需要的是『做點不同的事』。」這一點也呼應了昔日的重要思想，如法國作家普魯斯特（Marcel Proust）的觀點即有類似之處。普魯斯特在《追憶似水年華》（*Remembrance of Things Past*）第三卷（1920）寫道：「治癒一個不幸事件（而人生不如意事十常八九）的具體做法是：『做出一個決定』。」

對焦點解決短期治療而言，當事人詳細的過往歷史並不是那麼重要。但如果當事人從未講述過他的生命故事，那麼，很可能需要在會談繼續之前，先讓當事人的故事「被聽見」。若當事人披露的素材，對自己或他人的安全可能造成影響時，就需要進行安全性評估。此外，聚焦於問題的「問題式談話」（problem talk），以及猜測症狀背後之「目的」或「動機」，則是焦點解決短期治療所避免推進的方向。

焦點解決短期治療建議，治療師對當事人隱藏的動機、潛意識機制等前置的假設，不能干擾治療師對當事人吐露內容的關注程度。de Shazer（1985）曾提及，焦點解決會談是「以文本為中心」（text-focused），

亦即，所謂重要的訊息是來自於當事人提供的資料，因為這些資料代表著當事人對於情況的理解，也展現了當事人使用的語言。而傳統心理治療取向使用的則是另一種觀點：「以讀者為中心」（reader focus），意指治療師這位讀者具有特殊的知識，因而僅僅需要當事人提供足夠的資訊，來核對治療師的預設想法，或與治療師設定好的計畫予以配合。「以文本為中心」的治療概念，相當能連結於 Wittgenstein「語言是思想的重要工具」的觀點。當事人有其文本，而治療師心中的想法不應「侵入」（intrude）當事人的文本素材。在這個觀點之下，焦點解決短期治療不鼓勵治療師採用「以讀者為中心」的技術性語言或專業性用語。此一觀點乃是焦點解決短期治療的一大貢獻與成果，也成為推動治療師「好好與當事人對話溝通」的可貴力量。

Steve de Shazer 曾進一步研究了這個觀點。他嘗試在每次回應當事人時，都盡量就當事人表達的語言，保留其原有用字的單詞或短語，並探究這種做法的效果。結果發現，這是一種令人驚豔的、非常有效用的技術，可以在會談一開始時，快速與當事人建立治療關係，也有助於後續會談對話的持續進行。這種技能常被稱為「語言匹配」（language matching），代表了一種能與當事人及其處境、經驗產生連結的方式。「語言匹配」原則不僅能確保治療師會非常關注當事人所說的每一個字，同時也能讓當事人清楚知覺到這一點。理想的情況是，治療師會在每個回應或提問中，使用當事人前一句語言表達的用語；若是當事人的前一句話相當簡短或說「不知道」，治療師則可使用當事人更早說過的單詞。治療師的專業技能之一展現於：能夠提出具必要性的問句，並且能運用當事人的某些語言來設計這些問句。

一些心理動力取向的治療師認為，當情緒（emotion）在會談中被確認或命名時，伴隨著這個情緒的相關記憶和經歷就會很快浮現上來。這與演員在展演情感時所使用的「史坦尼斯拉夫斯基方法」（Stanislavsky method）相類似。因此，除非當事人在會談中自己先描繪了情緒，否

則，治療師主動將特定主題或情緒引入會談的行為，未必是明智之舉。

來自保加利亞的 Plamen Panayotov 博士建議，焦點解決會談的順序為：思考，然後分享、討論和行動（thinking, then sharing, discussing and acting）。所以在我們的團隊中，我們總是會問：「你怎麼看待這件事？你是怎麼想的（think）？」而非「你對這件事的感覺（feel）如何？」因為關於感覺的答案，常是較不精準、較少行為化的，也不容易透過指導的方式予以改變。人們的感覺能透過眼動減敏與歷程更新治療（eye movement desensitisation and reprocessing, EMDR）、催眠、禁食及服用藥物（包括毒品）等方式來改變；然而，這些方式都需要依賴治療師或藥物與食物的供應者才可執行。此外，透過認知或行為的管道，也會造成人們感覺的變化。

焦點解決短期治療乃與傳統的「以問題為焦點」（problem-focused）取向極為不同，因此，對於已經擁有特定知識體系的實務工作者來說，學習與使用焦點解決短期治療可能會是一項挑戰。下列引介一些焦點解決短期治療的導入活動，目的是在認可於現有實務工作中已經發現的有效做法，並且將這些有效做法連結至焦點解決工作的某些原則與實踐。

焦點解決會談中的有效觀點

◇ 同理／合作

於會談對話一開始，圍繞在開場介紹及問題描述上，將有助於互動關係的建立。治療師在當事人的訴說中，需傾聽出當事人優勢與資源之所在，並思考是否能將其中幾分鐘的對話，轉為「無問題的談話」（problem-free talk）。同時，治療師需要理解與認可當事人的負面情緒，即使並不多加停留與探索。

◇ 尋找當事人的目標

焦點解決短期治療是以當事人選擇的目標，作為工作的方向；治療的目標並不是由外部「專家」來決定的。焦點解決短期治療會使用直接問句（direct questions）、例外（exceptions）、評量（scaling）、最大的期望（best hopes）以及奇蹟（miracles）等，來協助辨識與確認出當事人的目標。

◇ 凸顯「問題的例外」時刻

Steve de Shazer 指出：沒有一個問題（problem）在任何時刻都是一模一樣、不曾停歇的。確認並認可這些例外時刻，對於尋找「解決之道」及發展未來的前進方向，將很有幫助。

◇ 語言匹配

語言匹配的概念源自於策略治療學派，並由「心理研究機構」（Mental Research Institute, MRI）發展而出。對話者需要在提出的每個問句和回應當中，盡可能適時的包含對方的用字遣詞。這是快速建立關係同盟和相互理解的方式。語言匹配可應用於各種情況和場域中，也適用於各種形式的心理治療中。

練習活動 1-3 · 尋找建設性元素
（Michael Hjerth / Jacek Lelionkiewicz）

❖ **活動目的**：練習尋找語言中的建設性元素（constructive elements）。

請全班學員以兩人一組進行幾分鐘的談話；第一位學員論及一個近期的問題或事件，第二位學員擔任提問的訪談者。之後，進行第二次談話，但這次，提問的訪談者在過程中刻意將語言中「和」或「而且」（and）

這個轉折語，改以「但是」（but）來替換。練習結束後，詢問所有學員有何體驗，以及注意到兩者有何差別。

接著，請學員三人一組。一人擔任觀察員，另外兩人討論一個近期的問題或事件，談話中僅能用「和」或「而且」這個轉折語，不能出現「但是」這個詞彙。討論三分鐘後，請觀察員回饋分享他所注意到這種互動過程與一般人際對話的差異之處。之後，請三人輪替不同角色，再次進行這個練習流程。

練習活動 1-4 · 最大的期望

❖ 活動目的：自我介紹並提出最大的期望。

在焦點解決會談及進行訪談技巧的專業訓練時，需確認當事人或學員對於參與這個過程之「最大的期望」（best hopes）為何。這是一個很重要的環節，因為「最大的期望」將會成為治療工作方向的重要導引。

人們常喜歡八卦他人閒事，但不見得會說出自己的觀點。因此，請學員兩人一組互相採訪，瞭解對方是誰、職業是什麼、哪些人事物會讓他們展開笑靨，以及他們對這次培訓或工作坊的最大期望為何。完成後，請每位學員將剛才與自己配對的夥伴介紹給全體學員。之後，課程帶領者可以將大家參加課程的「最大期望」寫在一張大掛圖或海報上。這個載滿大家最大期望的掛圖可以作為一個評估工具，讓課程帶領者與學員們在培訓期間，隨時就這個掛圖的內容進行連結與檢視。

練習活動 1-5 · 人們之間的異與同

❖ 活動目的：練習檢視差異性與相似性。

與家庭或團體工作時，每個人的獨特性與共同性，以及每一個人希望的目標之差異與相似處，是很重要的重點，因其可幫助治療師適時修正對

話，讓對話繼續朝家庭的目標前進。在工作坊的早期階段，學員便可以開始學習此一觀點。

步驟一：請學員在大團體中，找一位與自己不同的人（學員可自行選擇要如何定義「不同」）。

步驟二：請學員兩人一組，分享之所以選擇對方的原因。

步驟三：請他們嘗試找出兩人之間所有的相似點。

步驟四：回到大團體，詢問學員關於如何理解「差異」的意義，以及從這個活動中他們學習到了什麼。

練習活動 1-6．正向問句（改編自 Berg；Taylor 轉述）

❖ **活動目的**：學習正向對話的價值。

請學員四或五人一組，分享他們對於下列問句的答案（可以分享其中一個、幾個，或所有問句）。這些問句都是有暗示性的。課程帶領者也可以依照這樣的方向，自己創建提問的問句。

- 今天讓你微笑的是什麼？
- 今天發生了什麼，讓你的生命活得有價值？
- 最近什麼時候，你因為某事開心了起來？
- 最近你達成了什麼微小但十分寶貴的成就？
- 你最近有什麼新學習，是讓你樂在其中的？因此，你會接著做哪些有別於以往的事？
- 你什麼時候曾對自己與某人的聯繫心懷感激？
- 你最近為自己感到驕傲的一項工作成果是什麼？你是怎麼做到的？
- 最近你的工作，有什麼地方是做得更好或更順利的？
- 最近你在哪些方面感覺到工作更有成效了？你是運用了哪些個人優勢來創造這個成果的？

- 最近你的生活中，哪些事情讓你特別順心如意？
- 最近發生了什麼事情，讓你重拾對人的信心？

練習活動 1-7 · 美好的事物

❖ **活動目的**：辨識與確認個人的優勢與美好特質。

請設計一個 A4 大小的表格，包含三大欄位，並標記出 1 到 20 列（如下表所示）。請學員就這些欄位進行思考並填寫：

1. 關於我自身的美好事物。
2. 這項美好事物之所以能發生，所需擁有的相關特質。
3. 我可以如何多加善用這些特質。

舉例而言，第一欄填寫運動技能、美術專才等這些個人的美好事物；第二欄寫出所需特質如專注力、決心、耐力等；第三欄則思考自己能如何多加發揮與善用專注力、決心、耐力等特質。

請學員保存這個表格。當回想起自己更多優勢時，便接續填寫。

	關於我自身的 美好事物	發生這項美好事物所 需擁有的特質	我可以如何多加 善用這些特質
1			
2			
3			
⋮			
20			

練習活動 1-8 · 臉部表情（Rob Cumming）

❖ 活動目的：學習解讀對方的臉部表情。

觀察非口語行為如臉部表情，是相當有用的，因為這能幫助我們瞭解當事人對於不同問句的情緒反應。

請學員兩兩一組，與自己不太熟悉的夥伴同組。接著，請選擇一個你十歲時會做的非常生動的臉部表情，然後將這個表情做給你的夥伴看，讓他猜測這個臉部表情的意義。

練習活動 1-9 · 焦點解決尋寶遊戲
（Heather Fiske & Brenda Zalter）

❖ 活動目的：練習辨識與善用焦點解決實務工作的基本要素。

請學員兩人（或幾人）一組，構思或回憶包含下列要素的故事或例子：

- 小改變帶來了一個更大的改變。
- 某個人對問題採取的獨特解決方法。
- 「眺望更為正向的未來」這個舉動，如何幫助一個人有所改變。
- 某次當事人令你驚訝的經驗：當事人的恢復速度遠超過你所預期，或者當事人在恢復的歷程中，展現了你原先不知道他所擁有的優勢力量。
- 因為採取了不同的行動，而為情況帶出了改變。
- 你是別人解決之道中的一部分或一個環節。

練習活動 1-10 · 從「病理化」到「一般性描述」
（Thorana Nelson）

❖ 活動目的：

1. 幫助習慣從診斷、缺陷與弱點、失功能、病理等角度來思考的學員，能開始轉而以「建構解決之道」的方式來運作思維。

2. 幫助學員認識到：這些解決之道，並不總是需要關聯至問題本身。

此練習活動包含以下步驟：

階段一： 請學員三人一組，分別扮演當事人、治療師及觀察員的角色。請扮演當事人的學員選擇要扮演哪一種現存診斷類型的病人（該「診斷」包含心理健康的分類標籤、心理疾患或症候群等），並先閱讀這類診斷類型的症狀描述資料，作為預備。接著，請治療師訪問當事人前來諮商的原因，當事人則以該類診斷病人的立場，抱怨地訴說這個診斷和疾病帶來的影響，以及所面臨的困擾與挑戰（含人際關係）。治療師針對困擾與問題進行提問。

階段二： 治療師改為詢問當事人：與問題無關的其他面向，是如何成為當事人的優勢與支持。探討的方向需從概括性的優勢與支持，逐步進到更具體特定的優勢及支持的細節。接著，治療師請當事人多加描述其努力因應的方式和時刻，以及例外經驗中的方法與資源等，讓當事人能從「問題描述」，移向「『無問題』描述」（non-problem description）。在治療師所有的提問問句裡，都必須包含當事人先前回應時用過的詞彙。

階段三： 觀察員對階段一和階段二中，兩組問句及互動的差異，進行評論。

階段四： 各組當事人回饋他們在前述每個階段的體驗。

後續，小組學員輪流扮演當事人、治療師及觀察員這三個角色，並再次進行前述流程。

練習活動 1-11．學習焦點解決目標設定（Wei-Su Hsu）

❖ **活動目的**：學習與練習目標設定（特別可用在與兒童的工作）。

　　三到四位學員一組，請他們一起畫出一幅圖畫，但畫圖前不可商量要如何進行。畫完圖後，請小組討論可以如何改善這幅圖畫，並運用焦點解決目標設定問句（goal-setting questions）作為討論的導引。

- 你最喜歡這幅圖畫的哪個部分？
- 你喜歡圖畫中的顏色嗎？
- 有誰在這幅圖畫裡？
- 你會想在圖畫中再增加什麼？
- 下次我們可以做些什麼，讓這幅圖畫變得更好？

　　接著，請小組再次一起畫一幅圖。

　　之後，再請大家參酌或修改前述目標設定問句，相互詢問第二次畫圖歷程的改變，並討論兩幅畫之間的改變與進步。

　　此流程亦可邀請兒童直接進行。

練習活動 1-12．工作願景（Wei-Su Hsu）

❖ **活動目的**：體驗焦點解決短期治療中提及的偏好未來（preferred futures）。

　　步驟一：請學員一同提出重要的工作價值，如獨立性、效率、變化性、利他等，並將這些價值列在黑板上。

　　步驟二：請每位學員以 0 到 10 的量尺，針對每個價值的重要程度進行評分（10 意指很重要，0 代表重要性極低）。

　　步驟三：請學員兩人一組，進行互相訪問。訪問的主題是：如果奇蹟發生，你重視的三項工作價值成真了，你的工作會有何不同？你的生活或

其他面向（如人際互動）又會有何改變？還有呢？還有呢？

步驟四：請互相訪問的兩位學員，討論整個練習活動的體驗。最後，將心得回饋給大團體。

(練)(習)(活)(動) 1-13 ·「激活資源」對話

❖ 活動目的：熟練如何進行激活資源（resource-activating）的對話。

在此列舉幾個活動。

第一個活動，請學員三人一組，兩位學員負責發問，第三位學員選擇一個自己工作或生活上的小困擾進行分享；這個困擾是需要你改變一些行為，才能有所因應的事情。請第三位學員不要向另兩位學員透露這個困擾是什麼，只要直接回答他們提問的問句即可；如果不想回答某些特定的問句時，則直接說「不」。

請第一位學員只提問有關困擾的問句（即「激活問題」問句），進行三分鐘。

- 多說說這個令你困擾的問題。
- 何時發生的？
- 這個問題是什麼樣子的？
- 這個困擾佔據了你多少時間心力？
- 其他人注意到些什麼？
- 之前你有過同樣的困擾嗎？
- 你嘗試如何處理呢？

第二位學員則詢問有關目標與例外經驗的問句（即「激活資源」問句），進行三分鐘。

- 當問題解決時,情況會是什麼樣子?
- 問題解決時,你會做些什麼事情是和現在不一樣?(取而代之的行為會是什麼?)
- 當你這樣做時,情況接著產生什麼轉變?
- 周圍的其他人,會如何發覺情況變好了?
- 誰會第一個注意到?第二個注意到的人又是誰?
- 還有什麼變化會接著發生呢?(還有什麼事情將會有所不同?)
- 還有呢?
- 還有呢?

請記得要形成實際可行的目標描述,必要時,可以檢核符合現實的程度,如詢問:「你『真的』可以做到不再跟他吵架了?」

後續,三人輪流擔任不同角色,並討論被詢問兩組不同問句時,所體驗到的差異感受。

另外,臺灣與大陸地區都有學校依據激活資源之目的,設計出相關活動,培養學生運用焦點解決技巧的能力。例如,輔導中心邀請一群學生加入「十小步的堅持」活動:請學生為自己設定一個小目標,如每日走路一小時、每日背下三十個英文字、每日念五頁有關於焦點解決思維的書本內容等,連續進行十天。同時,將學生五至十人分為一組。在這十天中,每個人將自己的執行情況,透過社群網路回報到小組中,讓同組夥伴互相鼓勵。十天後,活動設計者運用焦點解決問句,鼓勵學生反思這十天的情形,例如:「若以 1～10 量尺的滿意度來說,你現在對自己這十天的表現,滿意度是幾分?」、「在這十天裡,你是怎麼能持續執行這個行動的?」、「在這十天的實驗之後,有什麼不同發生了?」希望類似這樣的活動歷程和反思問句,能提升學生日後的執行力,也能夠從彼此的經驗中相互學習。

此外,也有一些臺灣或大陸地區的老師以焦點解決取向為基礎,請學生分週次書寫各種主題,並彙整思考。例如:

- 你參與這堂課的夢想（或生涯願景）為何？當夢想／願景實現的時候，會是什麼樣子？

- 你覺得自己目前擁有什麼能力，可以促使這個夢想／願景實現？

- 在未來的一個月內，你會做些什麼，而讓自己更趨近夢想／願景？請列出幾個小小的行動。

- 對於你這幾週做出的改變，別人會如何注意到？（Wei-Su Hsu）

練習活動 1-14·**更多美好的事物**（修改自 Chris Iveson）

❖活動目的：

1. 練習發現人們能做得不錯的地方。
2. 獲得關於「優勢導向」會談技巧的回饋。
3. 強調讚美的重要價值。

請學員三人一組，輪流擔任受訪者、訪談者，以及訪談者最好的朋友。

訪問情境是：受訪者要應徵一份工作，他具備了所有的必要條件。

訪談者的意圖是：找出受訪者比其他在背景上旗鼓相當的應徵者更為出色優秀之處，同時瞭解他平常會如何處理及因應困難的挑戰情境。訪談者需做筆記。此外，訪談者「不能」探詢任何關於缺陷和弱點的問題。

而訪談者最好的朋友則觀察這個訪談過程。身為一個好友，他只關注訪談者做得很好之處。同樣地，他也需要邊觀察邊做筆記。

接下來的步驟為：

步驟一：開始進行一場十分鐘的訪談。如果訪談者一時想不出適合的問句，可以參考下頁列出的問句。

步驟二：訪談者需就他聽到的內容中，印象最為深刻之處及其理由，給予受訪者回饋與正面評論。

步驟三：接著，訪談者的好友就他觀察訪談者讓他印象深刻之處及其理由，給予訪談者回饋與正面評論。（另一種做法是，請這位好友和訪談

者一邊談論,一邊將他於訪談過程中觀察到訪談者的各個技能或優勢,寫在一張大的便利貼上,然後把這張便利貼黏貼於訪談者身上。當然,這個舉動需經過訪談者的同意,並注意避免損壞其衣著。)

　　步驟四:最後,受訪者進行分享與回饋,包括這個訪談經驗讓他滿足與喜歡之處,並且說明自己對於有機會被提問和回答哪幾個問句而感到開心;特別是哪些問句能引導他覺察自己更多已經擁有的技能。

　　於前述訪談過程中,訪談者可以參考下列問句,加入使用,如:

- 你覺得自己最值得驕傲的成就是什麼?你是如何做到的?
- 你曾經做過最艱鉅的事情是什麼?你是如何突破與完成的?
- 當你發現自己後來把一件原本覺得困難的事情做得很好時,你後續的行為會有什麼不一樣?
- 當事情進行得很順利時,你將會接著做些什麼事情?
- 當事情進行得很順利時,你會注意到他人有什麼反應或不同?
- 當你不想讓情況產生不好的結果時,你會怎麼做?
- 你會做什麼事情,來避免事情的惡化?
- 哪些人對你最有幫助?你如何善用他們的協助?
- 你朋友會說,他們最喜歡你的地方是什麼?

　　有些額外的問句,可提出來詢問那些不容易想起自己成功故事或美好事物的學員,或習慣於一直被他人批評的學員。例如:

- 如果家裡的寵物會說話,牠會說你擁有哪些美好的特質或事物?
- 想像一下,你的客廳裡養著一條金魚。這條金魚開始厭倦牠只在水族箱裡游泳,所以牠開始研究你,好自娛自樂。那麼,這條金魚會發現到你擁有什麼美好的事物或特質,是沒有其他任何人注意到的呢?

練習活動 **1-15・靜默的溝通**（Judith Milner）

❖**活動目的：**在不引發爭論的情況下，對相關論述進行挑戰。

此活動可以打破兩人溝通中爭論與矛盾的模式，是相當有力量及效果的。進行方式為：

讓熟悉的 A、B 兩個人交換角色（如：媽媽與小孩、已婚的伴侶等），一同來進行此活動。請其中一人拿著兩張牌卡，一張牌卡寫：「是」，另一張牌卡寫：「否」。

治療師詢問 A 時，A 需要以 B 的角色立場來回應問題；同時，再請 B 針對 A 的回答，舉「是」或「否」的牌卡，來表示是否同意 A 剛才的回答。舉例而言，治療師問小孩一個問題，但請小孩以媽媽的角度來回答這個問句。如問：「你兒子會聽你的指令做事嗎？」小孩（即這個兒子）回答：「會」，而一旁的媽媽則舉起「否」的牌子來表示不同意。如此，治療師就能得知兩人之間的互動，而無須讓任何直接的口頭爭論發生。

焦點解決取向與傳統取向之差異

至今許多被建構來理解人們的方式，乃聚焦在問題及其成因上。這樣的方式常包含了一個強烈的信念：人們面臨的困擾往往來自他們童年經歷的結果，或許是被養大的過程，或是成長時期中的不利事件影響而成。因而，人們會先入為主地關注於談論過去的事件，期望當事人對曾經歷的創傷或問題能夠產生理解。我們文化中的期望也強化了這個觀點，例如「你得先放下過去，才能繼續前進」之類的諺語；這樣的觀點也時常出現於大眾媒體（如雜誌）中。與人工作的某些取向亦然，例如佛洛伊德的心理動力理論。

這種關注人們的問題或缺陷的態度（或認為某處出錯，而影響了人們正常情緒發展的想法），在更為近代的心理治療方法中仍然可見；認知行

為治療就是其中的一種。在認知行為治療裡，視人們的思維存有「扭曲」之處，這些「錯誤的」思維方式之所以會產生，是由於人們的經驗和環境所致。認知行為取向認為，以這樣的思維方式來「連接」（wiring）大腦，常是一種固著的形式，無益於處理和理解信息，甚至可能會導致對自己或他人的傷害行為。這些人需要「重新連線」（re-wiring），認知到自己對事件的現有反應是有問題的，並相信自己能學習其他的行為方式。這種治療取向常用於處理暴力議題，協助人們重新學習自己對「引發自己憤怒之特定事件」的自動化反應，也重新學習辨識相關警訊及徵兆，改採其他更合理的行為，來取代原有的攻擊表現。

這種以問題（如：出了什麼錯）及缺陷（如：你有什麼不對勁）為焦點的做法，將助人者置於專家的位置，負責診斷問題或缺陷何在，並且要指導當事人如何處理這個問題或缺陷。這樣的態度，可能在實務工作中降低當事人被充分聽到的機會，並且很容易讓專業的故事，取代了當事人主觀認為所謂的「問題」，以及他們如何處理問題的故事情節。許多專業人員會使用所屬機構提供的檢核表，來評估應提供當事人什麼樣的服務類型或級別。這些檢核表是預先設計的，包含了被認定與問題有相關的系列重要問句（實際上，這些問句可能確實與問題相關，且具有重要性）。但是，使用此類檢核表，可能導致實務工作者只詢問列表中與議題相關的問句，而排除了當事人想要說明，但卻沒有出現於表定清單的向度。

本書提及的焦點解決方法之步驟，乃遵循 Steve de Shazer 和 Insoo Kim Berg 於密爾瓦基發展出來的教導模式：從關於過去的主題開始（問題描述、會談前的改變），接著移動到現在（目標、例外、評量），再到未來（奇蹟願景、後續的一步）。雖然當事人可能不會注意到這個架構與順序，但是這個架構順序對治療師而言，會是一個很有用的提醒。

焦點解決取向工作的流程架構為：

- 開場介紹／問題描述，建立融洽關係
- 問題
- 會談前的改變
- 目標
- 例外
- 評量
- 奇蹟願景

（暫停休息）

- 回饋
- 後續會談

練習活動 1-16 · 練習運用焦點解決取向來處理問題（一）
（Jackson & McKergow）

❖ **活動目的**：練習運用焦點解決取向來處理問題，並鼓勵學員提醒自己會談中順利之處。

下頁表對照「以問題為焦點」（problem focus）及「以解決之道為焦點」（solution focus）兩種取向的工作特徵及重點。請學員詳讀後：

1. 反思你在與當事人工作時，哪些時候是以問題為焦點，哪些時候是以解決之道為焦點。

2. 回想自己曾做過最佳一次的會談，那是一個怎麼樣的過程？自己是如何做到的？其中出現了哪些表中的要素？

以問題為焦點	以解決之道為焦點
• 過去	• 未來
• 有問題之處	• 有效之處、行得通之處
• 抱怨之處	• 進步之處
• 可控制之處	• 瞭解影響力
• 專家最懂	• 通力合作
• 缺陷	• 資源
• 複雜化	• 簡易化
• 界定問題的診斷名稱	• 採取行動

練習活動 1-17 · 練習運用焦點解決取向來處理問題（二）
（Bill O'Connell）

❖**活動目的**：練習運用焦點解決取向來處理問題，並鼓勵學員提醒自己會談中順利之處。

請學員詳細閱讀下頁的表，思考與討論：

1. 這兩大類問句在表述方式上，有什麼差異？

2. 在當前的實務工作中，你使用的是哪一類問句？

3. 在你所使用的問句中，哪些問句對當事人最為有用？

4. 在你所使用的問句當中，作為專業工作者，哪些問句對你最有用？

「以問題為焦點」的問句	「以解決之道為焦點」的問句
• 我能怎麼幫你？	• 當治療成功時，你會如何得知？
• 你能告訴我關於這個問題的情況嗎？	• 你想要改變的是什麼？
• 這問題代表的是更深層議題的一個症狀嗎？	• 我們是否澄清確認出你想要集中精力去討論的核心議題了？
• 你能告訴我更多關於這個問題的訊息嗎？	• 我們能發現問題的例外嗎？
• 我們如何根據過去歷史來理解這個問題？	• 問題消失時的未來，會是什麼樣子？
• 會需要多少次的會談？	• 我們是否達成了足夠的成果而能結束會談？

各文化中最有用的焦點解決問句

◈ 還有呢？

「還有呢？」（What else?）這個問句簡直是無價之寶。當治療師提出這個問句時，意味著治療師正在密切關注當事人正在訴說的故事，並且相信當事人會吐露更多情節。幾乎在任何情境下，都可以使用這個問句。令人訝異的是，當事人在回答這個簡單的提問時，有著極高的頻率會產生更多訊息和想法。

為了避免一直在會談對話中重複這個問句，治療師可以將這個問句加入當事人最後一項回答中，再予以擴展，例如：「除了_____，還發生了什麼事情呢？」「除了_____，還有什麼是有幫助的呢？」就語言學來說，「還有呢？」意味對話在持續進行著，因此，即便治療師還不清楚

當事人目前的情況，這個問句仍有助於維持治療師與當事人之間的關係。對於憂鬱傾向當事人常給予極少訊息的這類情況，這個問句也同樣可以應用並提供協助。

當會談時間快結束或沒有什麼新訊息出現時，治療師可以說：「還有任何想說的事嗎？」（Anything else?）這個說法暗示了這部分的討論即將結束。

- 記得常問：「還有呢？」、「還有呢？」
- 適時重複多次，可能需詢問十到二十次。
- 要善用語言匹配原則（如前述的問句擴展），才不會讓當事人覺得治療師一直在重複一樣的話。

◈ 讚美的重要性

Barbara Fredrickson 在其正向心理學的研究中，提出了幾項關於給予讚美的有趣特徵。她將不同人際關係中讚美與抱怨的比率，進行測量與對照：

- 在一般的關係中，讚美與抱怨的比率為 2：1。
- 在較為獨特的個人友誼中，讚美與抱怨的比率是 3：1。
- 在追求愛人的行為中，希望達到的最佳比率是 5：1。
- 對團隊建設而言，為每個抱怨對應提供六個讚美，會是明智之舉。
- 讚美與抱怨的比率一旦高達 11：1 時，會發現讚美的效益開始減低。

不適合使用焦點解決問句的時機（Coert Visser）

在當事人提出以下議題時，並不適合使用焦點解決取向的提問：

1. **身體問題**：若治療師有理由認為當事人的主訴議題，主要是與生理成因有關（如抱怨胸部疼痛已轉移至左臂），應建議他盡速就醫，而非提出奇蹟問句。

2. **已具有受過驗證的標準解決方案時**：例如，若當事人詢問如何撰寫應徵工作的簡歷，治療師可能只需提供當事人一些範例，而非請他回答評量問句。

3. **特定技能的缺陷**：若當事人的問題與某種特定技能的缺失有關，例如他無法讓電腦運作，那麼檢查電纜可能比詢問問題的例外情況更為明智。

4. **緊急性或危險性高的狀況**：若當事人出現緊急情況或危機時，治療師可能沒有足夠的時間進行「身後一步引導」（leading from behind）。相反地，治療師可能需要先採取主動及高指導性的行動。也許在危機解除、情況回穩後，治療師能繼續以焦點解決取向來工作。

CHAPTER *2*

發展提問技能的練習活動

　　焦點解決工作的關鍵要素之一是：以當事人的生活經驗，作為會談對話的核心。當然，每位實務工作者看待世界的方式不盡相同，對當事人及其狀況也會有自己特定的看法。但是，為了能對當事人有所幫助，實務工作者需要知覺（perceive）當事人對於自身情況的解讀方式，及其對當前問題的主觀評估。要朝向這個方向，「無問題的談話」（problem-free talk）通常是最佳開端；因為，「無問題的談話」可以讓實務工作者更為注意當事人對語言的使用、對問題的命名，以及他們認為可能的解決方案，或他們曾經嘗試解決的過去經驗。

　　實務工作者需發展出蒐集上述資訊的提問技巧，在與兒童工作時尤其重要，畢竟兒童可能難以表達或無法說明他們在成人世界裡的某些經歷。同樣地，某些成年人也會受益於這些相關問句的提問，例如幫助他們採用正向的方式來表達自己的處境和能力。

練習活動 2-1・與兒童開始工作

❖ 活動目的：與兒童當事人建立連結。

　　請學員在日常生活中找個機會，和一位比較熟悉的兒童談話進行：談話時，假裝自己才剛剛認識他，並表現出很想多了解他的一切，然後提出一些問句（需考慮孩子的年齡與理解力），例如：

- 你曾經做過最困難的一件事情是什麼？
- 如果你的寵物可以說話，牠會告訴我關於你的什麼事情？
- 如果你可以借用某人目前的生活來過上一天，你想要借誰的？
- 你做過什麼好事，是目前沒有人知道或注意到的？
- 你曾經度過最美好的一段時光，是什麼時候？

練習活動 2-2 · 兒童／青少年的安全

❖ **活動目的**：與兒童／青少年當事人建立涉及安全議題的連結。

請學員依照以下步驟進行反思：

1. 請想想正在和你一起工作的兒童或青少年，思考一下你會擔心這個兒童或青少年哪些具有風險的行為。例如，一位年輕人沒有按照規定時間幫自己注射糖尿病控制藥物，而危及自己的健康；或者，一位領養兒童，想盡辦法要回到以前的家庭去。

2. 請列出你曾經提供給這些當事人的所有問句和建議，並製作成一份清單，同時請仔細思考與回顧這份清單。接著，只保留那些產生正面效果的問句與建議（如果沒有任何一個問句或建議發揮效用的話，也不用擔心，因為忽視、不聽成人的建議，本是年輕人會做的事情）。

3. 現在，就你目前工作的情境，針對兒童／青少年的安全議題，設計一系列合宜的系列問句。在會談中要記得依據不同年齡與文化，選擇合適的問句；這是一個很重要的原則。

練習活動 2-3 · 建立與青少年工作的自信

❖ **活動目的**：確認自己既有相關技能的積極面，練習建立與兒童、青少年當事人工作時的專業自信。

請學員根據以下步驟，進行反思：

步驟一：請列出一份清單，寫出你擁有的、最棒的一些專業技能（要具體一點，別謙虛）。

步驟二：這些技能如何幫助了你？這些技能讓你在與兒童／青少年工作時，對他們產生哪些幫助？

步驟三：選擇清單中其中一項技能，思考下列問句。

- 你會如何提升這個技能，使其更有效一些？
- 你可能需要做些什麼？
- 你推想，你什麼時候可以做得到？
- 與你一起工作的兒童或青少年，會如何得知你做得更好了？

練習活動 2-4 · 尋找例外（Sue Young）

❖ 活動目的：與兒童／青少年當事人工作時，學習找出例外。

在此列出四個活動，給學員參考。

1. 請你在下次需要與孩子談論其行為問題時，簡要表達自己對這個行為的關心，然後詢問：

- 你可以跟我說一下，這個行為什麼時候是沒有出現的嗎？（例如：「可以告訴我，有哪一次是 Amy 鬧你，你卻沒有生氣打她的時候？」）
- 那是什麼時候的事情？
- 這樣的情況是在哪裡發生的？
- 你是怎麼做到的？
- 這對你來說，是一件很難的事，還是很簡單的事？
- 你認為你可以再做一次嗎？
- 如果要再做一次，你需要任何協助嗎？

2. 下次你嘗試幫助做事總出錯的孩子時，請先簡要表達自己的關心，接著詢問：

- 什麼時候，你曾經完成了這項任務？（例如：「可以告訴我，曾經在什麼時候，你把所有家庭作業都做完了？」）或者，

- 你可以告訴我，曾經在什麼時候，你「幾乎完成」了這項任務？或者，

- 你可以告訴我，什麼時候你曾經做過一件事情，是你一開始覺得它很困難，但最後卻仍然能順利完成的嗎？（接著，繼續詢問第一個活動的幾個問句。）

3. 當你的家人或同事做了一件讓你印象深刻的事情時，請把這件事寫在便利貼上，然後將便利貼黏貼在冰箱的門上，或工作場所的布告欄上。

4. 加入我們的「反牢騷（Anti-Grumble）俱樂部」：請在日常生活中，特別注意身邊的人們能把事情做得很好的時候，然後，也讓他們本人能夠注意到這一點。例如，別直接批評在公共場合中那些行為不佳孩子的父母，而是在他們的孩子表現不錯時，立即讚美這些家長的教養技能。

練習活動 2-5 · 評量問句（一）

❖ 活動目的：學習使用評量問句（scaling question）。

　　請學員想想自己現在正在做的一件事（例如，美化花園、節食、修習一門課程等），並問自己下列問句：

- 以 1 到 10 的量尺來評分，如果 1 代表你還沒有開始做，10 代表你已經完成了，你現在位於幾分的位置？

- 在 1 到 10 的量尺上，如果 1 代表滿意度很低，10 代表滿意度很

高，對於自己目前完成這件事的程度，你的滿意度在幾分的位置？

- 當你在這個滿意度（或對於做這件事的信心、動機等）更高 1 分的位置時，你會有什麼不同的行為表現？

- 你認為_____（如伴侶、同事、朋友）會把你放在量尺幾分的位置上？

- 當那個人看到你有哪些不一樣、做了什麼不一樣的事情，他就會認為你的分數提高了 1 分？

- 還有呢？

- 你做了什麼，讓你可以擁有目前的評量分數？

- 還有什麼？

- 這是否表示你已經擁有完成這件事所需要的資源和技能？

- 在你努力完成這件事的過程中，你「還沒有」用到自己哪些已經擁有的、有助於完成這件事的資源和技能呢？

- 為了完成這件事，你是否還需要獲得其他的資源？

- 為實現這件事或達成你的目標，你可以採取的第一個小步驟是什麼？

練習活動 2-6・評量問句（二）

❖ **活動目的：**學習使用評量問句。

請學員與一群夥伴討論目前從事的一項業餘愛好或運動；對於這個業餘愛好或運動，學員本人是希望自己可以有所進步的。之後，在教室地板上設置 1 到 10 量尺的標示；可以用紙張、椅子或玩具來代表每一個分數的位置。課程帶領者接著說明：「1 表示你平日所表現是你能想像最糟糕的程度；10 表示你的表現非常穩定地處在巔峰狀態。」然後請每位學員走到自認為最適合自己目前狀況的分數。接著與離自己最近的三位夥伴進行分享討論。

或者請學員兩人一組，選擇以下一到兩個問句，互相訪問對方：

- 你是如何達到這個分數的？
- 當你在 10 分時，會發生什麼事？
- 你希望到達幾分的位置？
- 你需要做些什麼，來讓自己到達那個分數的位置？
- 你需要什麼樣的協助？
- 誰最適合幫助你？
- 若要實現這個目標，你覺得大約需要花多久的時間，會是一個合理期待？

請學員記住，要完成一件大事往往需要花費不少時間。因此，先設定一些小目標，通常人們在達成一些小目標之後，容易感到滿意和開心。

練習活動 2-7 · 家庭與評量問句（一）

❖ **活動目的**：學習在與家庭工作時，使用評量問句。

請學員想像：

你正在進行工作的家庭／年輕人，接受了一個關於「作為治療師的你，提供的支援／處遇之有效性」的訪問。那麼，如果在一個 1 到 10 的量尺上，1 代表「完全沒用」，10 代表「正是受訪者所希望的效果」，那麼身為治療師，你認為這個家庭／年輕人會將你的支持／處遇的有效性，置放在哪一個分數的位置上？

當治療師確認自己猜想這個家庭／年輕人的答案之後，請接著考慮以下事項：

- 你做了什麼而能達到這個分數？
- 還有什麼？
- 你是怎麼做到的？

- 還有呢？
- 這分數展現了你哪些技能、能力和素質？
- 當這位年輕人／家庭在處遇有效性的量尺上，分數再提高 1 分時，又會發生什麼事，或者會有什麼不同？
- 你將採取哪些行動，來實現「提高 1 分」這個小目標？
- 你的技能、能力和素質，將如何支持著你與這位年輕人／家庭一起向前推動你的工作？

　　青少年往往很難投入在傳統的心理治療取向。有些青少年會認為，他會被所認識的每位成人都批評一番。不少青少年正努力爭取，想讓自己在原生家庭中分離獨立出來，而會把治療師視為另一個試圖阻止他們獨立的成年人。焦點解決工作比較能與青少年個案成功的合作，因為它尊重青少年的世界觀、賞識著他們，並關注他們的願望。焦點解決治療師聚焦於例外與奇蹟的探討，展現出「視青少年為獨特個體」的態度，鼓勵他們的獨立性，而能滿足青少年對獲取成人地位的企盼，進而滋長了他們的勝任力、復原力及希望感。

　　有些年輕人對於他們正在參加的某些活動非常滿意，也不認為減少參與這些活動會有任何益處；但是，在他們所屬的社會裡，父母、學校或刑事司法系統，卻希望看到他們的行為發生改變。在權力關係上，經常是自覺失勢的一方，來尋求治療師的幫助。對於這些家庭，與父母或學校一起工作，往往比單獨和青少年工作更有成效。如果這些青少年有意願，與他們進行一次會談，也會很有幫助；會談工作的重點仍然放在尋找正向之處、例外情況及其才能所在，而非談論負面肇因，如此，將可能有機會成功地和這些青少年建立關係。若能與這些青少年進行會談，將會增強治療師在父母（或者牽涉其中的其他成人）心中的地位，進而避免被批評「你（治療師）又不知道這個青少年是什麼樣的人」的言論，而貶低了治療師的效能、破壞治療工作的進行。

練習活動 2-8.家庭與評量問句（二）
❖ 活動目的：學習在與家庭工作時，使用評量問句。

　　請學員選擇一個正在與之工作的家庭，而這個家庭的合作度很低，讓擔任治療師的學員感到挫敗。之後，請每位學員至少邀請兩位夥伴，一起幫忙構建一組評量問句。這些評量問句的方向是：能幫助治療師找到讓這個家庭有興趣投入治療、開始討論治療師關注之處的方法。

練習活動 2-9.自信評量
❖ 活動目的：學習使用評量問句。

　　在 1～10 的自信心量尺上，1 表示完全沒有信心，10 表示有充分的信心，請學員思考與討論：目前在和兒童／青少年的工作中，對自己使用焦點解決取向的方法擁有多大的信心？

　　然後，請學員自行設計一些後續問句，來協助自己繼續自我詢問、引導自己思考方向之所需。

練習活動 2-10.應用於學校情境的簡易版本（Ron Kral）
❖ 活動目的：這是一種焦點解決簡式會談，對於參加正式治療尚未準備好的青少年十分合適，也適合倍感壓力的學校輔導教師使用。

　　請學員兩人一組，以校園中會出現的一個真實或想像的問題，進行訪談。

• 是什麼樣的困擾讓你來到這裡？或者，你被老師送來這裡的問題是什麼？
• 如果以 1～100 的百分比來評分，1 表示「很糟」，100 表示「很好」，那麼你的問題是在哪個位置呢？

- 如果以 0～10 的量尺來說，0 表示你感覺很不好，10 表示感覺很好，對於你前述百分比的分數，你的感覺是在幾分的位置？
- 就這個問題目前情況的百分比分數來看，過去有比現在的分數更高或更低的時候嗎？
- 如果曾經有更高分的時候：你是怎麼能夠到達那個分數的（或當時如何能維持在那個分數的位置）？
- 如果曾經更低分：你是如何能夠到達現在這個分數的？

Ron Kral 曾說，如果一開始就問青少年「0～10 量尺」的問句，他們常會回答的是「百分比」的答案，以展現自己高於成人世界的優越感，所以，最好先問青少年一個百分比量尺的問句。

在學校中，使用 0～10 的量尺或百分比來快速測量進步的程度，是一個很合適的做法，因為只有治療師和當事人知道本週會談中的「76%」或「到達 5 分」指的是什麼。在走廊或操場上，治療師和當事人兩人短暫交流或比出一個手勢，便能很快得知青少年目前對其進展的看法。

練習活動 2-11・記錄兒童／青少年的情況
❖**活動目的：**確定兒童／青少年當事人的需求。

請學員下次在和與之工作的青少年或兒童對話時，盡可能準確詳細地記下：對於治療師的好奇式提問（curious questions），孩子的回答為何。

然後，使用以下向度，構建出一個簡要的表格：

- 這孩子有什麼需求？（可列多個）
- 問題解決後，會發生什麼？（需具體明確）
- 這孩子擁有哪些優勢和能力？
- 這孩子需要哪些服務？

CHAPTER 3 /

焦點解決短期治療原則與
假定的練習活動

　　以焦點解決方式進行工作時，要牢記一些有用的原則和假定
（principles and assumptions）。當實務工作者覺得他們「卡住」的時
候，這些原則與假定將會幫助他們突破。相同地，如果實務工作者開始想
對當事人所說的話進行診斷或評價時，這些原則與假定也常能提醒他們再
次回到建構解決之道的軌道上。

　　下面列出的各項焦點解決短期治療之原則與假定，可以作為訓練課程
的討論要點。課程帶領者也可以請參與的學員幾人組成一組，討論每項要
點的內容對他個人的意義為何。例如：

- 焦點解決短期治療的每項要點，如何有助於與人建立合作？
- 我何時採用了與這些要點及理念相符的工作方式？
- 在工作時，我曾經使用過哪些技術，是與這些要點及理念相符的？

焦點解決短期治療的原則和假定

　　這些焦點解決短期治療實踐的原則和假定，是 Judith Milner 和
Patrick O'Byrne 觀點的綜合體。

1. 關於問題的觀點

- 問題才是問題；使用服務的當事人並不是問題。
- 問題並不一定代表存在著個人的缺陷。
- 問題發生在人與人的互動中，而不是存於個人內在。
- 問題並不總是發生，例外永遠存在。
- 複雜的問題，並不總是需要複雜的解決方案。

2. 關於過去的觀點

- 事件已然發生：探索過去，將導致指責；追尋目標，則可發展對未來的責任。
- 探索「無問題的未來」（problem-free future），可避免沉溺於過去，或掉入「必須理解過去」的假設中。
- 對一個人目前的診斷結果，並無法決定他的未來。
- 來自荷蘭的 Fredrike Bannink 建議實務工作者談論「創傷後的成功」（post traumatic success, PTS），會比診斷「創傷後壓力症」（post traumatic stress disorder, PTSD）更能帶來希望（Bannink, 2014）。

3. 關於改變的觀點

- 變化總是在發生；沒有任何事情是一成不變的。
- 看起來似乎很小的改變，卻可能非常重要。
- 改變可以透過對話來構建。

4. 關於談話的觀點

- 對於運用治療服務的當事人，傾聽他們「非說不可」的訴說，是非常重要的。

- 採取「未知」（not-knowing）的立場，減少實務工作者產生過早的判斷或強加的評價。
- 保持在對話的「表面」（surface）進行會談，而不是「向下」（beneath）深入；任何對所謂含義或意涵的探詢，都可能只是實務工作者個人的解釋（interpretation）而已。
- 人們以不同的方式在體驗和理解世界；他人的現實世界可能與你的不同。

5. 關於解決之道的觀點

- 需要辨識的是：什麼是有用的，而非出錯之處。
- 使用服務的當事人，乃擁有足以解決問題的資源；幫助他們搜尋並確認這些資源所在。
- 由使用服務的當事人自己產生的解決之道，可能是更有意義、更可實現，以及更易成功執行的。
- 對別人強加「你認為有效」的建議，並不總是對當事人有用；應該尋找他自己認為有用的方案。
- 拓展當事人的選擇性（如增加選擇的向度），可以使他的行為發生改變。
- 工作的目標需對使用服務的當事人具有意義，才能獲取成功；當然，這些目標必須合於法律與道德。

實踐原則

　　實務工作者與當事人之間的「關係」，是助人工作能否對當事人的生活成功進行處遇的重要關鍵。即使某些當事人目前的行為可能對自己或他人有害或無益，但是對每個當事人持有尊重的態度是很重要的，因為這樣的尊重態度，將能為未來帶來希望，也有助引導新行為出現。當然，有些

人可能不習慣受到尊重，也可能從未被人尊重過；有些人可能會期待專業人員直接告知該做什麼就好，或認為專業人員應該對他們進行診斷或提供建議，不願意或無法對自己的生活承擔相應的責任。然而焦點解決取向堅持認為：人是有價值的，每個人心中擁有解決之道的種子，人們也都傾向於成為「好」人（to be good），也希望自己能對社會有正面貢獻。

同理

同理（empathy）的概念，早已滲透到各種人群服務實務工作的核心之中。基於 Carl Rogers 深具影響力的治療理念，我們治療師都被告知需要具備同理的能力，瞭解當事人的感受，才能真正「感受到人們的痛苦」或處境。諸如「穿他人的鞋走路」（walking in another's shoes）此種提醒人們設身處地的語彙，是耳熟能詳的；這個觀點在我們的社會中也具有一定程度的文化重要性。焦點解決取向並不忽視情緒，也不認為情緒無關緊要而不予理會。焦點解決取向認為，對於情緒的理解和表達的方式，乃受到文化和環境所影響。情緒的表達，是透過「行動」而展現的，無論是言語、語調、動作或其他行為。例如：愛（love），就像其他情感，代表了我們對他人的一種感受。在相愛的情況下，我們希望對方對於我們是經驗著同樣的感受。當我們說某個人「愛」著另一人，是不夠清楚的，因為這涵蓋了對這個人和情境諸多特定的意義。所以，問關於一個人「如何」（how）愛另一個人的提問問句，會是很有幫助的，因為這會使「愛」這個詞，從被動變為主動。

在英文表達中，把一個詞語從動詞轉換為名詞，將有助於當事人想起更多具體行為的描述。例如，「我愛……」是很模糊的描述，將「愛」一詞轉成名詞〔你如何執行你的愛？（how do you do love?）〕，當事人就會聯想起更多關於如何表現或表達愛的行動和細節描述。

例如，當事人說：「我愛她」，則可以向他提問：

- 你如何表達愛？
- 對方如何知道你愛著她？
- 你做了什麼，讓你成為一個有愛人能力的人（a loving person）？
- 當你在愛一個人時，你覺得自己做得最好的是什麼事？又是在什麼時候做的？
- 當每個人都看得出你是愛著她的，那時，你正在做的是什麼事情？

練習活動 3-1 · 從情緒到行為

❖ 活動目的：

1. 辨認人們如何展現情緒。
2. 辨認哪些行為會影響情緒。

請學員幾人一組，依據下表進行討論。請小組成員試著識別、討論：人們是如何透過某些特定的行為，展現出以下所列的情緒。亦即，有什麼樣可觀察的行為，能表現出人們的特定情緒？

情緒	展現情緒的行為
幸福（happiness）	
悲傷（sadness）	
愉悅（joy）	

（續下頁）

情緒	展現情緒的行為
悲慘（misery）	
關愛（caring）	
關懷他人（concern for others）	
內疚（guilt）	
尷尬困窘（embarrassment）	
自尊良好（good self-esteem）	

練習活動 3-2・描述情緒的行為

❖活動目的：

　1. 辨認人們如何展現情緒。

　2. 辨認哪些行為會表現出情緒，以及如何予以識別？

請學員組成小組，就下表中的各個詞彙，嘗試辨認每位學員在其人際互動中，如何做到或展現出這些技能。

技能（skill）	如何做到或展現
同理（empathy）	
傾聽（listening）	
關心（caring）	
不評價（non-judgmental）	
同情（sympathy）	
理解（understanding）	
有幫助（helpful）	
有用（useful）	
有效（effective）	

練習活動 3-3 · 接納認可痛苦情緒（Carl Rogers 建議）

❖ **活動目的**：運用能暗示出可能性的微小訊號，為情緒賦予價值與意義（validating）。

　　人們都可能體驗過某些情緒，嚴重影響了自己處理生活問題的能力；若不接納認可（acknowledge）這些情緒，人們將會變得麻木不仁。在焦點解決取向架構中進行對話時，不會只是反映當事人如何描述自己的感受而已；即便人們被目前處境中的負向事件或情緒淹沒，仍然有機會去探索潛在的優勢和例外。當人們講述一個失敗、苦難、傷害和絕望的故事時，聽故事的人仍然可以展現或持有「改變是有可能」的開放態度，來予以接納和認可。對於生活中發生重大負向生活事件、感到不知所措的人，治療師可以考慮採用以下的方式回應他：

- 「目前」、「此時此刻」，這件事情真的是讓人擔憂／害怕的。
- 你以前有過＿＿＿＿＿這種感受嗎？你上次是怎麼恢復的？
- 所以，到目前為止，你還沒能擊退＿＿＿＿＿這種感覺？
- 你是如何不讓目前的情況變得更糟的？
- 儘管覺得很＿＿＿＿＿，但你是如何能繼續前進的？
- 但你仍然設法去了診所啊，你是如何產生這份決心的？

傾聽

　　傾聽（listening），是與人們工作時的關鍵技能。然而，傾聽並不總是單線在進行；人們所說的話，常受到被提問的問句所影響，也會因著傾聽者對內容的理解而有所變動。對話中，我們有個需要克服的挑戰或障礙即是：治療師想要弄懂人們所說的內容，並將其納入治療師原先用以理解人們的框架之中；儘管治療師或許不總是能意識到自身對人們已持有某些

既存的、理論上的各種理解，但是當治療師很快認定自己聽到了當事人在說的是什麼內容時，這些不自覺的各種理解就會發揮其影響力。

　　焦點解決取向提醒：別過早對人們所說的內容做出定論或結論。焦點解決更傾向採取「未知」的立場；這種立場可以說是一種好奇心，假定我們並不知情，或假定自己可能會誤解他人試圖告訴我們的事情，這讓我們能持續保持著對這個人的開放態度。當這樣做時，我們將更容易發展出後續的提問，進一步瞭解這個人，以及他的情況或處境，就會減少發生錯失良機、錯過重要的理解及訊息之遺憾了。

練習活動 3-4 · 好奇式提問

❖ **活動目的：**

1. 練習好奇式提問。
2. 提升傾聽技巧。

　　請學員回想自己曾經做過最好的一次會談。再請學員兩人一組，輪流訪問對方在那一次會談中做了什麼，然後，只需要繼續詢問以下問句：

- 你是怎麼做到的？
- 還有呢？
- 還有呢？
- 還有呢？
- 還有呢？
- 還有呢？（持續問：「還有呢？」一直問到你覺得累了，或對方沒有新的答案為止。）

練習活動 3-5 · 提問與回答（Martin Fletcher）

❖ **活動目的：** 這個活動將幫助參加訓練的學員，練習從「猜測當事人動機」的習慣，轉向為「探討當事人眼前的困擾」。

　　請學員三至五人一組，給小組一張清單，上面列出當事人對某些特定問句的「答案」，但是沒有相應的提問問句。清單上條列的每個「答案」都來自治療師與不同當事人的單獨對話，因此，各個答案之間並無任何關聯（即每個答案都來自不同的故事脈絡）。針對清單上各個當事人的回答，小組學員必須討論與提議的是：「下一個」問句可能可以是什麼（而非如多數人常思考，之前的什麼問句導致了這個答案的出現）。

1. 當我四歲時，我已經可以和我媽媽就她的病情，很理智地進行交談。
2. 我無法回答這個問題，因為我正在努力因應手邊這個難以避開的挑戰。
3. 當我感到沮喪時，我就是不能被打擾……但是，有時候，我並不知道自己的感受到底是什麼。
4. 我當時不知道如何回應我姊姊說的話。
5. 我之前覺得我可能會發瘋。
6. 我母親會先注意到。
7. 即使我當下已經道歉過了，但你總會在我們爭吵時就再度提起這件事。
8. 孩子們同意我的說法：你的行為實在太可怕了。
9. 之前，我不知道該怎麼回應我伴侶說的話。
10. 當我在量尺的 5 分時，我就會認為她可能是有機會改變的。
11. 我想都不用想，就知道他的酗酒惡習永遠不會改。
12. 我之前以為我可能會發瘋；後來，我注意到，他一直在改變他講過的話。

練習活動 3-6 · 傾聽當事人

❖ 活動目的：

1. 培養學員傾聽的技能，並凸顯此一重要性：檢視自己是否準確地聽到當事人所說的話。
2. 讓學員練習，能夠暫時擱置自己對當事人問題的假設。

　　請學員兩人一組，請一位學員分享自己正在經歷的一個小困擾。同組的夥伴需仔細聆聽，之後要採用分享的學員描述情況時所用到的確切詞彙，來回饋所聽到的內容。

練習活動 3-7 · 語言的檢視

❖ 活動目的：讓學員時常提醒自己，在工作中要看到當事人這個「人」，而不是「問題」，以及需要強調「避免標籤化」的重要性。對人們的標籤化，容易使我們對他們的行為，產生錯誤的、先入為主的成見。

　　請學員回想：最近一位帶著問題的當事人前來見你時，對問題使用了諸如以下詞彙：困難、無法溝通、被霸凌、受害者等。其實，這些詞彙即是一個「標籤」。接著，請學員思考：

- 你是如何避免自己以這個「標籤」來看待他整個人？
- 你是如何發現例外時刻的──他沒有處在被「標籤」的時候？
- 他們對於這個問題「標籤」的理解為何？你是如何發現與釐清的？
- 他們同意這個「標籤」嗎？

無問題的談話

　　與當事人的對話往往充斥著問題描述，這是可以理解的，因為大多數專業互動的產生，都是基於人們正在經歷、想要或需要解決的一些問題或困難之上。然而，談論問題可能會產生更多無望或失望的感受，使得改變更難以發生。焦點解決取向的工作方式，正是避免這種「問題式談話」（problem talk），因為，正如 Dennis Saleeby 指出：「只有當人們開始創造可能性，讓他們朝著更令自己滿意的方向前進，問題才會消失或降低影響力。」

透明度

　　人際互動中常會有誤解發生，誤解之處包含彼此使用的語言、當下的個人角色、會面的目的等。在與人交往時，保持透明度（transparency）既是一種尊重態度的展現，往往也會使人際互動變得更具建設性。人際中的透明度指的是：表現一種「無須隱藏什麼」的態度，任何權力和權威都是被看見的、不被模糊運作的。如果（這次）會談目的是明確的，那麼大家就可以朝著商定的目標一起努力。焦點解決工作有助於提高透明度，因其問句設計之目的，正是在提供當事人相關協助，而不僅僅是為了提供實務工作者解釋所用的訊息而已。透明度能幫助當事人理解實務工作者的意圖，也能幫助實務工作者自己釐清自身所持的意圖。焦點解決短期治療並不企圖發現當事人之病理或缺陷所在，也不嘗試尋求符合預定理論的「真實」答案。焦點解決短期治療所關注的是：找到當事人的例外和優勢，並達成雙方都同意的、可實現的目標。

練習活動 3-8 · 透明度

❖ 活動目的：

1. 讓學員練習對實務工作者的角色範圍和限制，持有一種開放的態度。

2. 強調實務工作者對當事人保持開放度的重要性。

3. 凸顯實務工作者向當事人分享自己「對人們與問題本質的理解」之重要性。

　　階段一：學員兩人一組，一位扮演實務工作者，另一位扮演當事人（可扮演自己協助過的當事人），進行第一次會談。扮演實務工作者的人，需充分解釋你自己目前的這個專業角色，並依據機構與國家的法令和規定，說明當事人在此提供的訊息，將會被如何對待，包含保密相關的範圍與限制等。

　　階段二：扮演實務工作者的人，簡要說明工作中會使用的方法。實務工作者可以運用任何處遇的模式來進行這部分練習，但務必要確保當事人能夠理解實務工作者的某些專業知識特點，以及如何看待人們的立場。這一點是非常重要的，因為不少當事人常會歷經多位不同專業背景的助人工作者，這些助人工作者之間會輪流或合作協助當事人，所以當事人有權利知道：這些助人工作者們將會如何以不同的方式，來對待與處理問題。

練習活動 3-9 · 回饋的透明度

❖ 活動目的：

1. 展示實務工作者對所聽內容的開放性。

2. 讓學員練習預備焦點解決取向「回饋」的筆記。

　　請學員兩人一組，一人扮演當事人，一人扮演訪談者，就一個小問題進行十分鐘的訪談。在訪談中，訪談者需要記下當事人使用的詞彙，然後採用這些詞彙，再運用下列結構加以組織，準備給予當事人回饋：

- 問題。
- 於解決問題上的進展。（到目前為止，當事人已經做了什麼？）
- 解決方案。（當事人是如何做到這些事情的？）
- 後續步驟。（當事人決定下一步做什麼，方能進一步解決問題？以及誰將提供幫助？）

　　最後，與扮演當事人的夥伴，確認這段回饋的精確度。

練習活動 3-10·在兒童保護工作中，對兒童展現透明度
（Susie Essex）

❖ **活動目的**：練習向兒童解釋實務工作者的角色；在此強調的重點是：確保兒童理解實務工作者的權力範圍和限制。

　　階段一：請學員兩人一組，一位學員扮演目前正在接受兒童保護轉介工作的兒童，另一位扮演需要進行家訪的實務工作者。扮演實務工作者的學員要繪製一個火柴人圖畫（stickman picture），來向這位孩童說明需要訪問他家庭的原因；比如圖畫中可能會包含法院或個案會議的圖樣。接著，再畫另一幅圖，畫的內容是令實務工作者必須來訪的家庭事件。

　　階段二：請學員在實務工作現場，對真實的當事人重複上述過程。記得要與孩子確認，他是否已理解實務工作者這兩張圖畫的意義。之後，請孩子再畫一幅火柴人圖畫，主題是一個快樂又安全的家。

練習活動 3-11 · 在兒童保護工作中，對成人展現透明度

❖ 活動目的：

1. 練習如何與當事人發展合作關係。

2. 強調明白「實務工作者目標」以及「當事人期望」之間有所差異的重要性。

請學員就目前正在處理的兒童保護轉介案件，列出自己和其他人關注的議題，寫於下表最左側欄。然後，努力構思當這些議題全都不再存在時，當事人會做些什麼不同的事情，寫於下表第二欄（此項應包含可被驗證、測量、看見的具體行為）。之後，再詢問同組或團隊的人（或許他們有其他關注議題），他們認為哪些人、事、物可能會對你有幫助。接著，想想究竟需要發生什麼，自己才能滿意的結案。最後，制定一個初步的行動計畫。

關心的議題	無前述議題時當事人當下的具體行為	結案之所需	初步行動計畫

優勢

焦點解決取向關注的是，如何發現人們擁有的優勢——即使當事人不

見得意識到自己已經擁有這些既存資源。我們經常發現，人們不願意承認他們擁有優勢，甚至更習慣於談論問題或缺陷。這其實是應該避免的，因為，談論問題或缺陷會產生無助和絕望的感覺，而這些感覺對於構建正向的解決方案並沒有太大幫助，儘管有人可能確實喜歡講述痛苦的故事。有些人在被撫育長大的過程中，被灌輸的想法是：提及自己擅長某事，是一種自吹自擂的不當行為；也有些人在幼時曾受到嚴厲的批評而受傷，所以學會要避免承認自己是有能力、有創造力、真的擁有優勢和成功的。有時優勢被隱藏得很好，但優勢也常「目光炯炯的盯著我們」——我們只是「有眼不識泰山」而已。焦點解決實務工作者便是在幫助鼓勵人們認識到自己的優勢，即使這些優勢可能是被懷疑、被忽視或被否認的。

練習活動 3-12．專注於優勢

❖ 活動目的：

1. 練習尋找優勢而非缺陷。
2. 學習形成焦點解決問句。

阿丹是一位年輕人，他經歷了人生中重大的挫折。他在很小的時候就被父母拋棄，隨後被安置在一連串令他困惑混亂、無法產生協助的寄養家庭或機構裡。現在阿丹十七歲了，他孤獨、悲慘、無法交到朋友、在自我傷害中掙扎，也覺得很難改變自己的生活。他被轉介到一個專門協助孤立無援青少年的服務專案中。至翰是一名接受過依附理論訓練的助人工作者，在聽了阿丹描述他的問題和感受之後，至翰向阿丹表示，他認為阿丹的問題源於他童年的困境，這些困境創造了他根深蒂固的存在（being）方式。至翰的受訓背景和經驗使他相信，阿丹是可以解決他的問題的，但至少需要每週一次的兩年療程來探索他的過去，才能實現這個目標。阿丹謝謝至翰願意提供的幫助，但發現自己對於要承諾投入這樣的長期計畫，

是很難以想像的。阿丹的心神也變得更被過去經驗所佔據；而後，阿丹的自我傷害變得更加明顯。

針對上述案例，請學員使用下方表格，列出阿丹所擁有的優勢和資源。然後，請練習列出可能的問句，以助獲知阿丹更多優勢和能力。

優勢和資源	進一步探詢優勢的問句

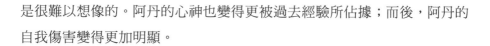

練習活動 3-13 · 聚焦於關注自己的優勢力量（Sue Young）

❖ 活動目的：

1. 邀請學員練習思考：在講述自己故事的過程中，情緒對表達方式的影響是什麼？
2. 這項練習能讓人們認識：關注於優勢和成功，對心向（mindset）改變的重要性，並體驗到聚焦於問題的可能後果。

階段一：請學員回想自己過去在某件事上獲得成功的時刻，例如通過駕照考試、在考試中獲得高分、得到想要的工作等。（有些學員很難進行這樣的回想——課程帶領者請記得鼓勵他們！）請學員盡量回想，並憶起當時伴隨這個成功事件而來的「立即（immediate）而直接」的感受，以及當時這些感受帶來了哪些自我對話（在自己腦中，對他人、對自己所說的話）。

請學員兩人一小組，相互訪問：對方的一個成功或成就是什麼？他們對這次成功或成就有何感受？這件事讓他們產生了什麼樣的自我對話？最後再與大團體分享。

階段二：請學員回想一次失敗的經歷（人們通常在辨認失敗方面不會有問題，但是如果有學員從未失敗過，那麼請他回憶某些「做事做得不太滿意」的時候即可）。請學員試著回想並憶起當時伴隨這個失敗事件而來的「立即而直接」的感受，以及當時那些感受帶來的自我對話（在自己腦中，對他人、對自己所說的話）。

同組的兩位學員再次相互訪問：對方的這個失敗是什麼？他們對這次失敗有何感受？這件事讓他們產生了什麼樣的自我對話？最後再與大團體分享。

階段三：請學員們討論從前述兩個事件的回憶中，各自產生的情緒為何？兩者之間的差異是什麼？以及從這活動中學到了什麼？

練習活動 3-14 · 引出技能

❖ 活動目的：幫助自己辨識你現有的技能。

請學員回想自己曾協助過某位當事人，並有正向成果的事例。接著，請學員運用下列問句激發自己再次思考：對於當時的情況，有無新的想法，或者下次再遇到類似個案時，可能可以做得更好之處。

- 對於問題的定義與性質，你和當事人是如何達成共識的？
- 你如何讓他清楚得知，你對於問題的知覺與理解？你覺得他有多清楚呢？
- 你們雙方是如何對結束服務（如終止處遇措施）達成共識的？
- 你當時是如何計畫結束該服務的？
- 現在回想起來，以一個合理的成果預期來思考，你覺得你能否更快地結束該服務，或者縮短服務的時間？
- 如果可以的話，需要怎麼做呢？

練習活動 3-15・引出優勢力量

❖ 活動目的：

1. 練習專注在當事人做得好的地方。

2. 設計一些能引出當事人優勢力量的問句。

請學員閱讀並思考以下案例和問句。再請學員兩人一組，進行討論與分享。

安娜是一位實務工作者，她拜訪了被診斷為「憂鬱症」的瑪莉，因為有人擔心她在照顧自己與孩子方面有一些問題。瑪莉家的房子很暗，即使在白天，她也拉上窗簾。家訪過程中，瑪莉顯得非常不開心，她表達了對於目前處境感到痛苦，也訴說了作為母親的失敗感。安娜聽到這些之後，便邀請瑪莉說些她和她孩子們擅長的事情。瑪莉起初有點困惑，但還是能夠列出孩子們一連串的優點和成就。之後，瑪莉開始意識到，孩子們能擁有這些優點與成就，她是有貢獻的。

安娜又問了更多關於瑪莉優勢的問題，例如：即使瑪莉患有憂鬱症，但是她如何仍然能夠鼓勵孩子。於是，瑪莉開始能夠談論自己，也能說說她作為母親的一些好特質。這樣的對話，並不只是一個社交閒聊的開場，而是從會談一開始，就被作為一種工具來幫助瑪莉思考：她如何善用了她暫時被隱藏的優勢，因應了憂鬱症對她能力的某些限制。當瑪莉被安娜邀請，而能開始辨識出她孩子令她感到驕傲的時候，包含那些讓她開懷大笑的事情，他們之間的談話就變得令人愉悅開心多了。在會面結束時，瑪莉的心境處於更願意與安娜合作尋找解決之道的狀態。當安娜要離開時，瑪莉打開窗簾，讓陽光照了進來。

一些有用的問句是：

• 除了你來到這裡的理由之外，我對你知道的並不多。你願意多說一些關於你自己的事情嗎，好讓我能多認識你？

- 你對什麼事情感興趣呢？
- 你喜歡什麼？
- 你擅長什麼？
- （詢問當事人的家人或親友）在＿＿＿＿＿（當事人）做什麼事情時，會讓你為他（她）感到驕傲？

請學員想像與反思：

1. 如果你是瑪莉，你會如何回答這些問句？當你回答這些問句時，心裡產生了什麼感受？
2. 對於上述問句進行思考和感受。接著想想：你還可以提出哪些類似於這種態度或方向的問句？

與相處不悅者工作時（延伸自 Milner & Myers, 2017）

治療師有時會發現很難與某些當事人合作；例如具有成癮行為者，或某些擁有特定特質者，都可能觸發治療師產生這類反應。通常，人們對於遇到的人，能夠立即喜歡對方的比例是 10%，會立即不喜歡對方的比例也是 10%。我們如何與中間這 80% 的人相處，其實關乎我們的社交技巧與相關經驗。我們都會注意到，即使和自己不喜歡的人交談，我們仍然能從彼此的互動中學到一些東西。

請學員嘗試「假裝／佯裝」（pretend）自己「喜歡」身邊的某個同事或某個機構，持續一週的時間。或者請學員試試，利用幾分鐘空閒的時間，和平日不會交談的同事做些互動。有時學員就會發現：自己的人際關係，竟朝著積極正向的方向發展了呢。

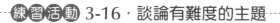

練習活動 3-16 · 談論有難度的主題

❖ **活動目的**：學習如何談論有難度的主題。

請學員嘗試詢問一個有紋身的人（如果自己有紋身的話，可以問問自己）：

- 我注意到你有紋身。你願意談一談嗎？
- 你能夠談談這個紋身的意義嗎？
- 它象徵或代表著什麼特別的人、事、物嗎？
- 你是如何決定紋身的？是什麼讓你有此決定？
- 紋身是否代表某種形式的立場？是在支持或反對什麼嗎？
- 它是否標誌著你生命中某個特定的轉變？
- 紋身之後，對於你的生活或人生有帶來什麼變化嗎？
- 對你而言，紋身是否象徵著一件對你重要的東西，或者暗示著你是誰？

再請學員討論：若面對有自我傷害行為的當事人，可以如何適當修改前述問句。

練習活動 3-17 · 成癮議題的對話（John Pihlaja）

❖ **活動目的**：有些事物原本的用意是希望在使用後會帶來好處，然而一旦人們對酒精、毒品、手機等上癮之後，這些所謂的好處卻沒有真正發生，反而令人大失所望。被社會群體所拒絕，是人類極大的恐懼之一；同儕群體對自己的批評、可能失去群體的失落，都常阻礙了當事人談論或接受「減少成癮」的幫助。

請學員就自己的一個習慣，以下表的向度，說出或寫下你的反思。

這習慣的缺點	這習慣造成的社交排斥
這習慣帶來的好處	這習慣讓你失望之處

關於藥物使用或其他成癮議題，可以提問的問句，舉例如下：

- 使用海洛因，對你而言，是有好處、還是沒有好處？
- 海洛因對你的生活、你身邊的人、你的人際關係，產生了什麼影響？
- 如果給你選擇權，使用海洛因的生活，以及沒有海洛因生活，在這兩種生活當中，你會選擇哪一種？
- 被海洛因主宰的生活，真的適合你嗎？
- 對於海洛因，你是如何處理的？你對海洛因發揮了什麼樣的影響力？（例如，你的上癮情況，如何對你吸食海洛因的習慣造成影響？你有鼓勵藥頭找你，或要他們給你打折扣嗎？）
- 海洛因讓你的生活變得艱困的情況，已經多久了？
- 告訴我，哪些時候你能夠「拉長服用海洛因的間隔時間」？
- 當你拒絕與海洛因合作時，對你來說，意味著什麼？
- 你對自己「破壞海洛因的影響力」之能力，有著什麼樣的看法與評價？
- 海洛因是否希望你擁有自己的想法並成為你想要成為的人，還是它只是要你變成被它挾持的人？

- 生活中什麼樣的事情，會讓海洛因能順利地「收服」你？
- 在你感覺到你控制了海洛因的那段時間裡，有什麼人、事、物幫助了你做到這些？
- 告訴我，關於海洛因「無法阻止你追求或接觸你的希望或夢想」的那些時候。

練習活動 3-18 · 階梯模型：邁向奇蹟的步驟

❖活動目的：尋求小小的步驟。

請學員繪製一個階梯，階梯的頂端正是奇蹟所在。然後，請學員詳細說明：當邁向奇蹟時，他在跨越每一個階梯的每一步驟時，會發生什麼。

練習活動 3-19 · 避免復發的問句（Luc Isebaert）

許多有酗酒問題的人不願意考慮復發（relapse）的可能性。下列問句可能可以發揮提醒作用，並鼓勵他們採取合理的預防措施。

請學員兩人一組，就酗酒或其他成癮議題，練習下列問句：

- 你會採取哪些措施來避免復發？
- 如果你喝一杯酒之後，你會採取什麼措施？
- 如果你喝了三杯酒之後，你會採取什麼措施？
- 如果你喝了一天的酒之後，你會採取什麼措施？
- 如果你連續飲酒三天，你會採取什麼措施？

練習活動 3-20 · 如何與你不喜歡的當事人工作

❖活動目的：練習與不喜歡的當事人建立合作互動。

　　請學員就目前工作中，覺得不想與某位當事人合作的一個情境，來思考如何保護自己免受內心厭惡感的影響，而能繼續與當事人建設性地合作。

　　針對前述的情況，列出三種可以讓自己的工作更為愉快和有效的不同做法。

　　請學員四人一組，分享與討論每個人的三種做法。

CHAPTER **4**

焦點解決短期治療會談開場的練習活動

　　對於 Steve de Shazer 來說，心理治療的本質是：幫助當事人能在目前的狀況中，做出一個改變。Steve de Shazer 在接受 MRI 培訓之後，他意識到，幾乎任何改變都可能是有益的。當然，一個人只能改變自己，無法改變別人。焦點解決短期治療的初次會談，是最重要的。對很多當事人而言，在第一次會談中，大部分的工作就已經完成了。與其他心理治療取向不同的是，焦點解決短期治療從與當事人接觸的一開始，便立即進入治療工作階段，而非選擇先詳細探究當事人的過去。

　　但是請注意，如果是個人執業的治療師，在進行第一次會談之前，請不要詢問當事人任何焦點解決問句（包含在當事人電話預約時），最多只要請他們多注意自己「會談前的改變」（pre-session change）就好；要不然，當事人可能會因為你詢問的焦點解決問句而自行療癒，不需要前來治療或諮詢了（那麼當事人就不用支付任何費用啦！）。我在自己的實務工作中發現了這個事實，而 Insoo Kim Berg 也在她的工作坊中，支持了這個論點。當然，這只是一個幽默的玩笑話而已。

　　當治療師與當事人開始談論他們的來談議題時，治療師需要特別注意的是當事人在會談前已經做出的改變；這將會有助於和當事人建立關係。之後，再將會談的焦點轉移到此時此刻（here and now），檢視來談問題

所對應的目標和例外。治療師可以使用 0～10 量尺的評量問句，來協助當事人定義他們想討論的主題。「奇蹟問句」（miracle question）特別能激發人們的創造性思維，鼓勵當事人探索可能的未來，因此對於制定計畫是一個很有助益的過程與方法。焦點解決短期治療在初次會談結束時，會有來自治療師提供的結構式回饋；回饋的重點，著眼於協助當事人朝向「所欲未來」之優勢及後續步驟。第二次和後續會談，則遵循一個簡單的流程架構：查看自上次會談之後有哪些進展（progression），進一步使用評量問句，以及討論後續行動。我發現一種很有用的做法是：將所謂的「進展」，置放在「問題的過去」（the past of the problem）及「目標的未來」（the future of the goals）之間來進行思考，如此能把會談對話推向富有希望的將來。本章和下一章將介紹會談過程的細節，並舉例說明之。

在學習焦點解決短期治療之後，實務工作者大多會發展他們自己的運用模式，包括進行部分修改，或增添新的要素。然而，就像學習彈奏樂器一樣，在能即興創作之前，有必要先從基本的技能入手；於是，焦點解決會談的基本流程便十分重要了。當然，會談的過程是彈性變化的，例如，當事人自己提到了一個奇蹟、量尺或百分比，那麼治療師可能可以選擇立即進入這個主題，而不是遵循原來的焦點解決會談步驟。又例如，如果當事人對目標或評量問句的回答十分詳細與正面時，或許可以不用再詢問奇蹟問句了。不過，根據我的經驗，奇蹟問句的提出，幾乎總會引出一些新的、其他的面向，從而拓展了當事人對未來最大的期望（best hopes）。

某種意義上，語言包括了非言語的行為訊息。語言本身就是一種行為，因此在一個關於行為的描述中，也可能包含了可被記錄或報導的對話。如果有人用語言描述自己將會做某個行為，那麼這個行為，就更有可能成為他們行為戲目（behavior repertoire，一組行為特性）的一部分。因此，如果有人用語言說：「我能做到」，這件行為就更有可能被實踐。這是所有心理治療中常見的一個重要因素，包括討論如何發生改變。

許多治療師喜歡對當事人的述說進行闡述釋義或概括綜述，但是這可

能讓當事人覺得，治療師的看法與自己剛才說的內容並不一致，甚至是矛盾的。因此，當治療師要這樣做的時候，很重要的是，要以一種尊重的態度來進行；同時表示，自己這樣做，只是想嘗試釐清自己對當事人方才所言的理解，是否正確。

本書會按照 Steve 和 Insoo 所創建的會談流程來加以介紹，因此將依序呈現以下主題：自我介紹、問題描述、會談前的改變、目標、例外、評量問句、奇蹟問句、結束前的回饋。

自我介紹與問題描述

在問題描述階段獲得的訊息，於後來討論目標和例外時，也會很有用處（詳見下文會談流程的介紹）。對問題的基線（baseline）有了理解，日後可以更輕鬆地評估進展。當事人對於遭遇的問題與困境，會多次重複說明；這樣的情況之所以十分常見，也許是因為人們認為心理治療需要這樣的過程，以及相關的資訊。佛洛伊德自由聯想技術的基礎之一是他的一個信念：如果有足夠的機會談論前來治療的問題，當事人最終會耗盡他們描述問題的精力，而不得不揭示新的材料給治療師。在會談開始階段，讓當事人進行一段問題描述，之後如果當事人又要再次訴說問題時，治療師可以更容易予以中斷或重新定向。

在此列舉一些可以用來開場的例句：

1. 開場

- 你好，我的名字是＿＿＿＿＿，你希望我如何稱呼你？
- 你今天想要從這裡獲得什麼？
- 在這次會談結束時，對你而言，如果出現什麼不同，會讓你覺得前來會談是很值得、很有意義的？
- 你可以告訴我，關於你這個人一些好的、不錯的事情嗎？

2. 關於問題本身

- 這個問題發生的頻率為何？
- 它持續了多長的時間？
- 它以前曾經發生過嗎？
- 當時你是怎麼處理的？
- 當這個問題發生時，人們注意到的是什麼？
- 接下來發生了什麼？
- 然後還有呢？
- 還有呢？
- 當問題發生時，如果我是一隻正停在牆上的蒼蠅，我會看到發生了什麼事？

　　從會談一開始，就盡可能使用當事人的語言用字。如同使用策略治療學派的「心理研究機構」（MRI）實務工作者所注意到：採用當事人自己為問題命名的詞彙，會比使用專業術語來得有效許多。使用新的專業術語，常給當事人留下「自己正在被反駁」的印象，也貶低了當事人「對自己情況的理解或知識」的價值。除非是為了特定目的而引入專家「行話」，否則，治療師最好避免使用專業用語。

　　進行一段「無問題的談話」通常是個很好的開始，尤其當事人看起來不太確定一開始要談些什麼時。運用幾分鐘談論他們喜歡的人、事、物或所擁有的技能，會讓他們有些時間，思考一下自己想要的是什麼。另一個做法是蒐集一些客觀資訊，如當事人的職業、居住地、他們的家庭與社區的背景，因為這些資訊通常是中立的、無關乎問題的，當中也能提供關於當事人社會背景和專長能力的有用訊息。同樣地，如果治療師覺得會談的節奏對當事人好像太快了，那麼簡短地談談興趣、嗜好、技能的話題，也會有助於適時減緩速度。以下列出關於例外的提問問句，也可產生類似前

述效果的主題。

如果一場會談有多人一同參與，很重要的一件事是：詢問所有在場的人，對於問題的描述，以及已出現的任何變化，是否都感到同意。這不僅能產出有用的訊息，也有助於鼓勵在場的每一個人，為解決方案做出貢獻。

有時當事人會一口氣說出很多問題，或者表示他們不知道應該從哪裡開始。但是在短期治療的脈絡中，「一次只處理一個問題」是很重要的原則；因為，如果會談的焦點在不同問題之間來回切換，那麼當事人和治療師可能難以取得進展。

在焦點解決短期治療的實務工作中，甚至很少需要處理第二個問題。因為解決一個大問題，將會釋放足夠的能量，讓當事人可以自行去處理其他問題。當然，這並不排除有些當事人會先「測試」治療師是否能解決一個小問題，然後再告知治療師另一個更重要的問題。在這種情況下，有必要向當事人澄清與確認，他們想要優先處理的議題為何。

Steve de Shazer 在很多場合都曾說，在焦點解決工作中，應該避免使用「為什麼」（why）這個詞語。「為什麼」一詞常會導致猜疑或模糊的答案，這些答案無助於澄清目標或行為方面的相關訊息。如果需要更多訊息來瞭解「導致目前結果的過程細節」，可以用平常人際互動的用語：「……怎麼發生的、怎麼會這樣（how come）……？」來詢問，會是一個更好的選擇；因為這些說法，更有可能引導出關於行為的描述。

如果治療師聽到當事人說出「應該」（should）這個詞，請記得仔細聆聽。在英語中，「應該」有兩種含義。一種是具體的意涵；舉例來說，「財務部『應該』發工資給你」之類的陳述，表明了財務部門這麼做是正確的，發工資是它的責任，這是一種具體的表達。但是另一種「應該」則沒有那麼具體的含義，意味著「『應該』採取這種行動」；這類表達通常指的是一種情感行為，不能或無法被當事人所控制。「我『應該』原諒他……」，或「我『應該』停止擔心」，就是這類例子。這些「應該」

的話語，可能代表「有人告訴我『應該』要……」，因此，詢問當事人：
「『誰』說你應該要……？」會是一種有用的回應。這通常表示當事人過
去或現在的生活中，存在了一位有特定影響力的人。只是在目前情況下，
此人的意見可能不合適或無益處。

　　請學員注意，當他們對自己說：「我『應該』_____時」，請他
們跟著治療師試試：「跟我唸一遍：我『能夠』（could）_____，而
且，我還有別的選擇。」看看這樣的方式，會產生什麼不同的效果。之
後，也可以建議前來治療的當事人，經常練習如此對自己說話。

　　同樣地，如果聽到當事人說：「大家都認為……」或「每個人都知道
……」這類評論時，治療師可以接著問：「在你生活中，有『誰』說過／
認為／知道這個呢？」這會是個有用的回應方法。通常，是有一位對當事
人有高度影響力的人，曾經說過一些話，導致當事人有這些反應；因此，
有時讓這個人加入治療，可能會有所幫助。或者在會談後段請當事人猜
想：「這個人對奇蹟和其他變化的看法為何？」也是一種有用的做法。

　　很少當事人會提出從未告訴過他人的問題。如果真的發生這樣的情
形，那麼這個問題往往是童年時期的性虐待，或是重大的家庭秘密。在這
種情況下，可能需要先傾聽當事人訴說完故事，然後再漸漸轉向焦點解決
工作的方向。

　　然而，要產生治療的進展，不一定總是需要當事人披露故事，因為進
展乃取決於當事人的目標。有時，治療師可以先問當事人：「假想一下，
如果你已經都告訴我這些故事了，對你來說，情況會有什麼不同？」倘若
當事人堅持要重複一個冗長的故事，那麼在他每次停頓時，治療師可以
問：「後來發生了什麼事情？」這樣會讓當事人的故事「向前快轉」一
點；亦即，這種方式可以讓治療師表現出持續關注當事人的態度，同時又
減少對無關細節的停留與討論，而能夠推進當事人的故事敘說。

會談前的改變

對於一個困擾的解決或處理，往往不是從與治療師見面才開始的，大多數的人會先嘗試某些做法，最後才選擇前來治療。預約臨床醫生或治療師的行為，常是人們試圖處理問題之後的結果，而不是解決問題的第一步。薩拉曼卡地區的西班牙實務工作者發現，認為自己對情況有影響力的當事人，往往在會談前已做出一些改變；而此，常是一個預示他們的治療會有良好結果的指標。

詢問「會談前改變」的關鍵代表問句如：

- 你決定採取行動之後，情況有沒有變化？不管變好或變壞。
- 還有誰也注意到了這一點？

當被問及會談前的改變時，有時某些當事人會批評以前的治療會談或治療師。這種情況可以讓治療師得知，在回饋時提及哪些建議，可能是會被當事人拒絕的。如果聽到另一位臨床工作者遭受批評，一種有用的回應是：「在這之前，我聽到人們說起＿＿＿＿＿＿＿（被批評的這位臨床工作者）的時候，評價都很好。」這表現了對於當事人意見的尊重，同時也暗示著治療師不捲入任何關於共謀或代罪羔羊的情況中。

一些值得謹記的原則

- 只有當人們感覺到自己的聲音是被聽見、被認可和被尊重時，他們才會開始去傾聽別人在說些什麼。
- 為了要讓當事人覺得自己被傾聽，治療師必須說出一些話，讓當事人清楚得知治療師真的聽懂了自己的訴說。
- 人們只有將自己置於消費者（customer）的位置時，改變才會發生

（而不是只是配合）。

- 很重要的是，永遠不要比當事人更熱切希望任何特定改變的發生。
- 當事人的「抗拒」表示了：治療師正在重複使用某種先前用過的無效方式，或者，當事人並不喜歡實務工作者給予的提議。
- 當事人通常知道，什麼是適合他們的。

練習活動 4-1·清晰的溝通

❖ 活動目的：

1. 確保實務工作者使用的字彙，是可以被當事人理解的。
2. 幫助實務工作者避免使用專業術語。

階段一：請學員以小組方式進行。接著，請小組討論與解釋以下這些詞彙，對他們意味著什麼：

- 責任（responsibility）
- 尊重（respect）
- 同意（consent）
- 穩定性（stability）

階段二：請小組學員提出或識別他們在記錄或報告中常用的「專業」詞彙和術語〔例如，平行計畫（parallel planning）、功能（function）、將兒童需求進行排序（prioritizing the needs of children）、風險（risk）、建立界線（establishing boundaries）等〕，並討論這些詞彙和術語的確切含義。接著，試著說明在什麼樣的情況下、什麼樣的具體特定行為，是可以用這些詞彙和術語來予以概括的。最後，邀請小組一同思考：他們是否可以使用更簡單的詞語來表達，例如，「積極主動」（proactive）的意思，是否可以改用「努力」（making an effort）來表示。

練習活動 4-2・將困擾問題「個性化」（individualising）

❖活動目的：

1. 獲得關於問題的詳細描述。

2. 避免急於評估問題為何。

學員組成小組。在小組中，請學員描述一種情緒（如憤怒、沮喪、失望）；接著，其他學員以下列問句訪問之：

- 它是什麼顏色？
- 它是什麼形狀？
- 它住在你身體的哪個部分？（如頭部、腹部、胸口）
- 當它要開始發作時，第一個訊號是什麼？
- 接下來，它又會跑到身體的哪個部位？
- 它會讓你做些什麼事情？
- 它會持續多久？
- 其他人會注意到什麼？
- 當它消失的時候，你對自己感覺良好，還是悲傷？
- 你如何讓自己平靜下來？
- 還有呢？
- 你能做更多讓自己平靜下來的事情嗎？

與兒童和青少年工作的重要提示

在此分享一些與兒童、青少年工作的要訣。

◈ 「老大哥日記室」

如果孩子不願意說話，治療師可以改問：「如果你在『老大哥日記

室』（Big Brother Diary Room）*裡面，你會怎麼向觀眾來說明你的問題呢？你會說些什麼，讓他們願意投票，同意你繼續留在這間房子裡？」

◈ 消費者投訴服務臺

如果在會談中，家庭成員一直忙著私下彼此交談，或者有兒童正在做些破壞性的行為，此時，治療師可以提名家庭中最健談的人，擔任「消費者投訴服務臺」的工作人員，並給他們一個玩具麥克風。接著，治療師向大家解說：任何人，都可以就任何事情提出投訴；但是一旦消費者進行投訴，而且服務臺的工作人員也為投訴人做了正式投訴公告後，每個人就必須協助解決這項投訴。或者，另一個做法是，使用活動掛圖或白板，將所有討論過的可能解決方案記錄下來；記得將記錄的筆，交給最健談的家庭成員，由他負起重責大任，記錄大家提及的解決方案。

◈ 足球場

如果小團體輔導中的成員開始出現破壞性行為，治療師可以指定一名成員為裁判長。如果任何一位成員違反了小團體建立的規則，裁判長需要發出警告。若有成員第二次違反規則，則將該成員送到不能參與練習活動的「受罰席」一段時間（時間長短由小團體決定）。當這些違規的成員想要回到小團體時，他們需要道歉，同時，小團體也需要共同討論：當初破壞規則的行為，究竟是如何開始的。如果發生第三次違規的情況，則請該成員離開小團體聚會，並在個別會談中處理該項行為。

---

* 譯註：這是源自荷蘭的社會實驗類真人秀，一群陌生人以「室友」身分，住進一間布滿了攝影機與麥克風的屋子。這些參賽者的一舉一動都會被錄下、剪輯處理後，在電視上播出。參賽者在比賽時間內，會歷經提名、競賽、投票、淘汰等過程。最終留下來的人，將可以贏得大獎。「老大哥」（Big Brother）一詞乃是出自喬治・歐威爾的名著《1984》。

挑戰問題／診斷

請實務工作者回想自己遇到的某位難以與之合作的當事人，並將自己和其他人如何描述這位當事人的詞彙，整理列出。接著思考這些詞彙，如何列出對應轉換的相關特徵，讓實務工作者能更認識這位當事人。幾個例子如：

- 原來的描述詞彙是：不尊重、好鬥的、不合作、破壞性、挑釁、難對付的。但是，這些都可轉而認為，當事人乃具有下述這些特徵屬性：有創造力、精力充沛、並未放棄或變得沮喪。
- 一個被診斷為抑鬱症的人，是因為他的「愉悅」處於「休眠」狀態，所以他正遭受著痛苦。
- 一個被診斷為邊緣性人格障礙的人，則是容易從某種情況，轉變至另一種情況。在說起他們時，可視他們是：已經準備好能產生改變的人。
- 具有強迫行為的人，意味著他非常善於注重細節，並且能夠意識到認知運作過程的力量。
- 常用「能夠」（could）代替「應該」（should）一詞，會很有意思。在自己的心中思考，或直接向他人提出這樣的問句：「如果你『能夠』原諒他⋯⋯？」

CHAPTER 5

發展目標的練習活動

目標的重要性

　　制定實際具體且可評量的目標,是焦點解決短期治療的關鍵要素之一,因為這將能幫助當事人清楚得知他們可以達成什麼,以及何時能夠實現。當目標清楚明確時,它應該是可以被測量檢核的。如果當事人抱持的目標不切實際,就需要幫助他們思考「如何將這些目標,細化成更能實現的小部分」,這將會有所助益。當事人的目標需要符合法律與倫理道德;如果會對自己或他人構成危險,便需要採取立即行動,確保人身安全。

　　在各次會談中建立目標是很重要的,因為一些當事人與治療師,會反覆回顧過去的痛苦經歷,而沒有多加思量關於改善、進展,或可能的新行為。有些當事人(如被診斷為患有精神疾病的人),已經習慣於接受周圍的人重複的忠告,或了無新意的建議。所以,有時治療師可以詢問當事人:「這次談話,有朝向你提到的目標在邁進嗎?還有其他事情,是我們應該多加注意的嗎?」這樣的態度將能產生幫助。另外,透過下列練習活動的體驗,也可提醒實務工作者如何將會談方向,轉移到更為有效益的方向。

　　治療師要記得:需與當事人一起努力,把目標的描述變得更為具體和符合現實。例如,詢問當事人:「你『真的』絕不會再與他爭辯了嗎?」

便是一個向當事人檢核「現實度」的方式。如果治療一直沒有取得進展，或是當事人的行動毫無道理，那麼再次確認目標究竟為何，就更為重要了。例如詢問：「當你來到這裡時，你曾說過你的目標是＿＿＿＿。那麼，治療對於你朝這個目標邁進，有了哪些幫助呢？」不過，在焦點解決工作中，會請當事人清楚描述「改變之後將有什麼不同」或「你會做些什麼來取而代之」，因此就算目標本身未被具體定義或細節化，也沒有關係。具體的目標的確會很有幫助，不過在人類生活中，「具體明確」的重要程度並不那麼高。就像踢足球時，為了贏得比賽可以設定目標分數；但即使沒有設定目標，仍然可以踢得很好。

另一個有用的詞是「取而代之」（instead）。任何包含「否定」的陳述（如「『不要』再罵人……」）都可以輕易轉換為「那麼，你會做什麼來『取代』罵人呢？」這樣的微調，會對當事人提供的訊息及會談的氣氛，產生明顯的不同。

當事人一開始的目標，通常與來談問題相關；不過，隨後發展出來的解決之道，不一定會與這些目標或來談問題有關聯。對治療來說，有目標會是一個好的開端，但是，當事人後來可能會改變原先的目標；或者隨著治療的展開，當事人會以某些新的方法，取得成功。

舉例而言，當事人說：「我想減少××（問題）的發生。」然後接著說：「這樣一來，我就會去做○○（目標）了。」但當事人常會選擇另一個可能與原先問題無關的目標。例如當事人可能會說：「我希望老師別管我（問題）。那麼我在學校的日子可能會快活一點（目標）。」或者「如果我能寫完更多作業，或許老師就不會管我了（另一個不同目標，是關於作業的）。」而後，當事人在後續會談中，討論的卻是與教師、家庭作業無關的新行為：「我喜歡足球，我想到了這一點，所以我就不再那麼擔心老師對我說的話了（解決之道）。」解決之道（solution）意味著：當事人不再擔心該問題了，問題或許仍然存在，但是當事人不再那麼專注在這個問題上。目標，可能是邁向解決之道各步驟的其中一部分，也可能

是一個開啟關於「可能的解決之道」不同對話的起點。

　　治療中，當事人往往希望某些不受歡迎的事情能消失殆盡，這也是一個發展目標的起點；然而，焦點解決短期治療希望發展出的目標是：當事人期待的某些事情，能夠出現與存在（presence）。可以理解的是，遇到特定問題的人們，一開始會提出的目標，可能是生活中不再有該問題存在，或者能夠消除這些問題。然而，這樣留下了一個需要遞補的空間；一旦問題消失，當事人便不需要再努力處理問題了，那麼此時，他「會做的」是什麼呢？「奇蹟問句」是個關鍵技術，能幫助人們創建可以具體評量的目標，以及無問題的未來。由於奇蹟問句探詢的是一個「奇蹟」的情景，這個過程會邀請人們開始想像生活中的無限可能性（possibilities），進而讓當事人能辨認與確定：什麼才是他們真正想要實現的改變。奇蹟問句屬於未來導向的思維，讓當事人從過去和現在的問題中，轉而思考自己想要的、無問題的生活會是什麼樣子；同時，也邀請人們細想：當問題消失之後，會發生的行為和出現的行動。回答奇蹟問句，可以讓當事人腦海中浮現出豐富的生活畫面，而能用於目標的形成。

練習活動 5-1 · 發展目標

❖ **活動目的**：練習催化及發展目標的問句。

　　請學員兩人一組，其中一人選定一個工作上或個人方面的小困擾，這個困擾需要自己在行為上做些改變。先不告訴夥伴自己的困擾為何，只需要回答對方提出的問句即可。如果不想回答某些特定的問題，可以直接說「不」。

　　提問的夥伴自我介紹後，不要詢問對方這個困擾是什麼，而是直接選擇下列清單的問句來提問。

• 這個困擾解決之後，情況會變成什麼樣子？

- 問題解決之後，取而代之的，你會做什麼事情呢？
- 當你做這些事情時，情況會產生什麼樣的變化？
- 其他人會如何知道事情變得更好了？
- 誰會先注意到？接下來又會是誰呢？
- 還會有什麼不同？
- 還有什麼？
- 還有什麼？

　　提問的學員要詢問對方，當問題解除時，他「在做什麼」，而不是「停止不做什麼」。讓分享的學員對目標做更具體且實際的描述，並確認目標是否符合現實，例如可以詢問：「你真的絕不會再和他吵架了嗎？」

　　之後，請學員角色交換，再次進行上述流程。

┌───┐
練習活動 5-2 · 與兒童／青少年一起設定目標
└───┘

　　治療師的功能之一是：凸顯孩子的優勢、勝任力和生活技能，讓孩子本人與周圍成人能夠更為關注和肯定這些。Berg 和 Steiner（2003）認為，焦點解決短期治療比起傳統治療取向，所花費的時間更少。焦點解決取向並不認為與兒童／青少年當事人建立關係會有困難，治療師也不會試圖取代當事人生活中的重要他人，因為治療師與當事人的關係往往是短期性與過渡性的。

　　請學員想像自己正在與兒童或青少年會談，進行下列「回到未來」、「漫畫」等練習活動。日後，在實務中與兒童或青少年當事人工作時，也可嘗試應用這些活動。

1. 回到未來

　　邀請一位夥伴，扮演一位青少年。請扮演青少年的夥伴想像：自己

「飛到未來」，探訪未來的自己（可運用時下在電影、電視裡很流行的時光機或其他方式）。當這位青少年走出時光機時，他站在自己家的外面，透過窗戶看到未來的自己（選擇對當事人來說，下一個很重要的年齡區段，來作為此處「未來」所指的時間點）。待當事人進入這樣的想像情境之後，請訪談者向青少年提出下列問句，並盡可能獲取相關細節：

- 你在做什麼？
- 你和誰在一起？
- 你房裡有寵物嗎？
- 你的房間是什麼樣子？
- 牆上有誰的照片？
- 手機裡有哪些聯絡人？
- 還有什麼？
- 還有什麼？

在協助這位青少年描繪出他快樂和成功的未來（他們的目標），並對這個未來有了豐富且細節化的畫面後，訪談者可以對這位青少年說：

「你知道的，當有人看著你時，你是會感覺得到的。所以，未來的你轉身回頭看到現在的你，在窗外站著。然後，未來的你說：『是我。回想過去，那對我真是一段糟糕的時光。請進來吧，你想要一杯茶、可樂，還是要什麼嗎？』窗外的你回答說：『我沒有太多時間，但我真的有個很重要的問題要問你：你是怎麼能度過那段糟糕的時光的？你是怎麼做到的？』」

如果這位青少年的「未來版」無法回答這個問題時，就改問他：「你能給現在的我一句話嗎？好幫助我能夠懂得如何安慰自己，讓自己盡力應對這段非常艱難的時期。」

這個活動的整個過程非常需要時間和耐心；所幸，這個過程不僅會激發出青少年的目標，還能幫助他們產生初步的解決方案。

2. 漫畫

　　這個活動對年幼的孩子，或無法用語言描述情緒的兒童，特別有用。

　　將一張 A4 紙分成六個部分，邀請兒童依照指示，在每部分各畫出一個圖畫：

1. 第一個圖呈現問題（如：問題是什麼、像什麼？）	2. 一位擁有強大力量的幫手（可以是動物、祖先，或是任何當事人覺得可以支持他、願意接受他請求，來協助發展解決之道的幫手）	3. 解決之道以及例外
4. 當例外發生的時候，對當事人而言，情況會有什麼不同？	5. 當那個例外真的發生了，那麼，當事人的未來會是什麼樣子？	6. 向幫手致謝

3. 交友議題

　　對遭遇到交友困擾的當事人，可以使用的問句：

- 你從朋友那裡得到最重要的事物／事情是什麼？
- 你的朋友們能做到你剛剛說的全部這些事嗎？
- 會支持你的朋友是誰？
- 你覺得可以把所謂的朋友分為不同的類別嗎？

- 你覺得一個人可以期望每位朋友對友誼都有一樣的投入程度嗎？

復原的技術：當目標與失落或喪親有關

此時可嘗試使用的方式如下：

1. 「療癒書信」（healing letter; Dolan, 1998），一共會有四封信。

 (1) 請當事人寫第一封信給他（她）思念的人，表達出想說的一切，不管是好的還是壞的內容。

 (2) 在另一次的會談，請當事人撰寫回信。這第二封信是請當事人以對方的立場來撰寫，猜想他們可能對第一封信會有的反應，但是，是以當事人最懼怕對方給予的回應內容，作為第二封信的書寫方向。

 (3) 在同一次的會談中，請當事人撰寫第三封信。第三封信的內容，是對於第一封信，當事人最希望對方給予的回應。這封信同樣是請當事人以對方的立場，寫出這些回應。

 (4) 在日後的某次會談中（也可能是在許久之後），請當事人寫下第四封信，向思念的人傳達最後訊息。

 在現實生活裡，這些信通常不會被寄出。有些當事人會選擇保留這些信，但許多當事人喜歡在整個過程完成後，就燒掉或撕碎這些信。有時，如果當事人又有了新的想法或素材，便可以在治療過程中重複進行這個活動。在治療中進行一次或數次這個活動，有助於當事人表達出在此境遇裡各種錯綜複雜的感受，進而能因應與處理來自失落或喪親的痛苦。

2. 請當事人前往墓地，或在當事人心中其他感到與失去之人息息相關的地方；這對遭逢失落的人很有幫助。在當事人抵達該地點，或者在心裡想像自己身在該處時，請當事人大聲說出想要對思念的人所說的話；當然，也可以在心中默默訴說。最好事先準備好想說的內容，即使在開始傾訴後，可能還會出現其他新的想法也無妨。可以請當事人

在這些重要地點留下一份信箋,或者將這份信箋當場燒去。為此,某些公共紀念館可以充作一種「墓地」。當然,有些人會認為,與心中思念的人直接說話,會比書信更有效果。

3. Michael White(1998)認為,在長時間的悲痛中,有時對思念的人說聲「嗨」,是會有幫助的。與其試圖完全壓抑相關的記憶,不如請當事人回憶這個失去的人對他的愛護,或者這個人以往如何看待當事人的天賦才能。讓當事人關注的焦點,能夠轉移到原有關係的正面要素,將會有所助益;因為,人們都會想要保有美好關係裡的經驗。

◈ 書寫任務

治療師可以提供當事人幾種書寫作業或任務,因為這類活動,有助於當事人重新定義自己與那位失去且思念的人彼此之間的關係,也能讓當事人更加清楚看見自己目前身處情境中,所存在的正面與負面狀態,進而有助於處理這次失落衍生的各種情緒。

幾種書寫方式如下:

1. 請當事人為思念的人寫一份報紙訃告,內容包含對方的正面特質。即使對方沒有真的過世,仍然可以進行這項活動。
2. 請當事人寫下失去這個人之後,目前新處境的「優勢」與「劣勢」。
3. 請當事人列出與思念的人之關係裡,存有的「好」與「壞」。

有些當事人喜歡在寫下這些內容後,反覆重讀,然後再將它們燒去或撕碎。

練習活動 5-3 · 練習復原技巧

請學員想想自己曾經體驗過的失落或喪親的經驗,選擇其中一個經驗,嘗試前述活動中一個或數個書寫任務。之後,請學員分成小組,在組

內分享他們對完成書寫任務之後的個人感受，但無需透露該項失落、喪親
或其他類似經驗的具體細節。

自殺風險評估

下列活動可以協助治療師評估當事人目前的自殺風險。各項活動中提
供的系列問句，可以創造一個空間，允許當事人去想像生活中的正面情
景。

練習活動 5-4．**安全性評估**（Henden, 2005）

❖**活動目的**：對當事人可能自殺或自傷的風險，練習進行評估。下列
問句可作為治療師的有用工具。

請學員兩人一組配對練習，一人角色扮演當事人，另一位扮演治療
師，並使用以下的系列問句。當事人的背景，可以是學員之前協助過的一
位真實當事人，或是小說中的一位人物。

**1. 安全評估問題（對於可能會發生的最壞情況，治療師千萬不可流露
恐懼）**

- 你想要自我傷害已經多久了？
- 你經常這樣想嗎？
- 如果你決定堅持這是最後的選擇，那麼你會使用什麼方法？藥丸、
  繩索、剃刀、吸塵器軟管，還是槍械？
- 你為此預做了一些準備了嗎？

一個重要的提醒是：在提出這些問句之後，治療師要依據自己內心的
直覺，來評估當事人的自殺風險；例如可使用評量問句（1 = 當事人存有

高度自殺風險；10 = 當事人完全沒有自殺風險），來問問自己內心的評估。

2. 對於有自殺意圖者的其他問句（John Henden; Pascal Soubeyrand）

- 請跟我說說，在最近這一週裡，自殺念頭最為微弱的時候？
- 每一天，從早上開始，在這個想法出現「之前」，你在做哪些事情，是你有些興趣的？
- 到目前為止，是什麼阻止了你真的去結束自己的生命？
- 你現在有多想要結束自己的生命？在 1～10 的量尺上，你是在哪個位置？（1 分是非常想結束自己的生命，10 分是沒有任何結束自己生命的念頭。）在你決定尋求幫助之前，想結束自己生命的分數是在幾分的位置？當評分的分數比決定尋求幫助那時再高半分的話，你可能會做的是什麼？想的會是什麼？感受又會是什麼？
- 在過去幾週裡，你已經做了哪些事情，讓你身處於這種糟糕的情境下，能產生一些差異與不同？
- 在決定嘗試其他選擇（非自殺的選項）的意願上，以 1～10 量尺（1 分是不願意選擇其他方法，10 分是很願意選擇其他方法）來看，目前的你，是在哪一個位置？
- 如果本次會談中發生了什麼事，會讓你認為前來會談是值得的？
- 何以在「現在」（now）選擇死亡，是一件重要的事情？其實你可以「隨時」死去，所以「今天」可以「不用」急著做任何事情。

3. 活下去的理由：問句範例

- 讓你活下去的一些理由是什麼？
- 讓你活下去，最重要的一個理由是什麼？
- 你的_____（重要他人）會說，讓你活下去的最重要理由是什麼？

- 是什麼讓你能夠堅持繼續走下去的？
- 什麼人、事、物可以幫助你抵抗這個想結束自己生命的念頭？
- 以前你是怎麼知道，繼續活著對你是很重要的事？
- 一直以來，你是如何決定讓自己一天又一天的繼續活下來？
- 如果現在有一件事，讓你可能覺得值得為它而活的，那會是什麼呢？
- 以前，當你有這種想結束自己生命的感覺時，是什麼力量讓你能夠繼續活下來？
- 如果一年後，當你回顧現在這段時間時，你可能會說，讓你能繼續走下去的理由是什麼？還有呢？

練習活動 5-5 · 反向奇蹟問句／墓地場景（Yvonne Dolan）

對於有輕微自殺意念的當事人，治療師可以依序詢問下列問題。但是，如果當事人處於十分憂鬱的狀態，便不適合使用。

對當事人說：「假如，在考慮所有其他可能性之後，你真的決定採用自殺這個最後的選擇。然後，你躺在墳墓裡了，而你的靈魂徘徊在三公尺高的空中，俯視下面聚集在你墓地旁的人群。

1. 在場有誰？
2. 誰最傷心難過？
3. 他們會希望自己能在你選擇這「最後一招」之前，有機會給你什麼樣的建議？
4. 在這些建議裡，如果可能，你首先會考慮嘗試的是哪一個建議或選擇？
5. 依照習俗，人們會撒土到棺材上；那麼，誰會最先往你的棺材上撒土？當被撒的土壤落到棺蓋發出聲響時，他們心裡可能會想些什麼？

6. 當大家離開墓地／火葬場時，可能會彼此談論著。此時，誰可能會對誰說：真的很希望你能夠做出不同的選擇？

練習活動 5-6．臨終場景（Yvonne Dolan）

治療師可以請當事人想像：「讓我們假設：你決定不選擇自殺的選項，並且活到了高壽（可能是七十、八十或九十歲）。這個高齡的你，回顧著自己的人生；這個人生是一個在黑暗時期倖存後，又過著有目的、有意義的一生。那麼：

- 你的這一生會是什麼樣的樣貌？
- 你完成了哪些事情？
- 你遇到哪些人？認識了哪些人？
- 你去過哪些之前不曾去過的地方？
- 你曾度過什麼樣的假期？
- 你還解決了人生中哪些其他挑戰？
- 你怎麼安排退休後的時間？
- 你會在哪裡看到最美的日出和日落？

練習活動 5-7．成為智慧老人的你（Yvonne Dolan）

治療師可以邀請當事人想像：「假設你最終決定不採用自殺這個最後的選擇了，隨著時間的流逝，你年紀漸長、也更有智慧，那麼身為一位充滿智慧的老人，你會給現在的自己什麼建議，來解決這個問題，度過這個困難的時期？」

可以請學員單獨進行練習，思考並寫下前述的建議內容。也可以請學員找一位夥伴，針對想像的內容及提出的建議，進行討論。

練習活動 5-8．來自未來的信（Yvonne Dolan）

❖**活動目的：**此活動有助於和具有自我傷害高風險的當事人，建立合作。學員也可以在實務工作中，實際運用這個活動。

此活動的靈感源自於催眠治療師 Milton Erickson 博士，並由 Yvonne Dolan 具體設計而成。

首先，治療師邀請當事人選擇未來的某一日，例如從現在起五年、十年、二十年後的某一天；然後，想像在那一天的自己，寫信給身邊幾位朋友或其他重要他人，並將那一日的日期寫在每封信的上方。接著，對當事人說明：「寫信那天，你在信中詳細描述了這幾年所擁有的幸福和充實，也表示前幾年的問題早就已經消失無蹤。同時你也可能決定要在信中，提出一些建議給當年的自己，例如告訴自己接下來要做些什麼，來解決目前的問題，或者，還可以採取哪些能減低自傷風險的具體行動。」

「停止」（HALT）

這是「戒酒匿名自助團體」（Alcoholics Anonymous）所設計的活動，適用於處在高危機中的當事人。

如果一個人處於飢餓（hungry）、憤怒（angry）、孤獨（lonely）或疲倦（tired）的狀態中，那麼這個人更有可能跨入自殺的門檻。在當事人覺得自己狀況不好的時候，治療師可以請當事人採取下列步驟：

如果你餓了（**Hungry**），吃一頓飯。

如果你感到憤怒（**Angry**），請數到 10、在街區附近走走，或者試著找到寬恕和遺忘的方法。

如果你覺得孤獨（**Lonely**），請打電話或拜訪朋友、家人，或者參加戒酒匿名互助會。

如果你累了（**Tired**），請小睡片刻。

危機卡：用於自我傷害的議題

（Chiles & Strosahl, 2005; Joiner, 2005）

請當事人製作如下這種危機卡。可以依據過往經驗增減卡片內容，以更適合當事人。治療師可鼓勵當事人將卡片放在口袋裡，或將內容存放在手機裡，隨時提醒自己。

危機卡

- 不要喝酒或吸毒。如果我正在飲酒或吸毒，我要立即停止。

- 快步走到游泳池。如果泳池開著，就跳下去游十圈。如果我仍然感到焦躁不安，再游十圈。如果游泳池沒有開放，就在校園的操場或公園裡跑十圈。

- 閱讀或朗讀以下聲明給自己聽，至少十遍：
  「我從他們丟給我的一切爛攤子中熬過來了。我還站在這裡。」

- 打電話給我的女朋友（住家＿＿＿＿＿＿＿，手機＿＿＿＿＿＿＿）。如果接通後是轉到語音信箱，我就直接留言。如果她接起電話，就和她談五分鐘，討論我們要如何約見面的計畫。

- 在我的筆記本裡記下發生了什麼事情，以及哪些人、事、物對我是有幫助的。然後在我的下次治療中，與治療師討論。

自殺防治熱線：＿＿＿＿＿＿＿＿＿＿＿＿（電話）

醫院急診室：＿＿＿＿＿＿＿＿＿＿＿＿＿＿＿＿＿（地址）

治療師：＿＿＿＿＿＿＿＿＿醫師，聯絡電話：＿＿＿＿＿＿＿＿

◈ 雨天信（Yvonne Dolan, 1998）

在我們的生活裡，都會出現下雨、無陽光的日子。這個活動，是為了因應生活中可能會有的意外困難或壓力時期所準備的一項工具。請當事人在相對平靜或滿足的狀態時，進行撰寫。這封信的內容可以包括：

- 列出自己做得到的、能夠安慰自己的活動清單。
- 能夠安慰自己的聯絡人名單。
- 提醒自己所擁有的正向特質和能力。
- 提醒自己，記得那些能夠給予自己力量的宗教或哲學信念。
- 提醒自己關於對未來的希望和夢想。
- 對自己很重要的一些建議，或特別的提醒。

完成後，請當事人將這封「雨天信」，放在一個安全、合適的地方，好讓自己在需要時可以隨時找到它。有些當事人喜歡多複印幾份，分別放在幾個不同的地方。

練習活動 5-9 · 與自傷衝動的議題工作

❖ 活動目的：

1. 讓學員嘗試針對某些個人議題進行書寫，並體驗這些書寫的經驗，以便能在日後的治療工作中，理解當事人進行書寫時的可能感受。
2. 練習上述各項活動技巧，日後更有能力帶領當事人執行之。

請學員以自己的接案經驗為基礎，依據練習活動 5-4 以及活動過程中的收穫，預備自己於危機個案的工作中，能加以運用的技能與體驗。

若當事人有意做了自我傷害的行為，如割傷身體，則需要進行進一步

詢問：

- 你以前這樣做過嗎？
- 你之前做過更嚴重的自我傷害行為嗎？
- 自我傷害有助於你緩解緊張嗎？
- 這種行為的觸發因素是什麼？
- 你知道還有誰做過這樣的行為呢？
- 還有誰知道你這樣做？
- 他們有給過你什麼建議嗎？
- 你願意改為嘗試其他替代方法嗎？例如，用橡皮筋彈皮膚，或用冰塊觸壓皮膚？
- 請記錄自我傷害的頻率和方式，那麼我們可以就你的選擇進行討論。

　　如果當事人在會談當下傷害自己，治療師將無法進行有效的治療。因此，治療師需要立即進行處遇，例如請助手幫忙，或致電請員警、護理人員、當事人的親友等協助者一起幫忙。當事人需要處於足夠安全與穩定的狀態下，治療師才能放鬆地進行工作，也才能更清楚地思考治療中要提出的問句。

與絕症／末期病患進行目標設定（Dominic Bray）

　　面對患有危及生命疾病的當事人，詢問他們奇蹟問句或者關於未來偏好生活的問句，並非是與他們建立關係的好方向；因而，治療師需提出不同類型的問句。如果學員的主要工作領域是和患有危及生命疾病的當事人工作，以下這些問句會是很好的工具。

　　請學員兩人一組配對，進行練習。其中一人扮演最近與之工作（或曾經協助的類似案例）的一位當事人，另一人則擔任提問者，詢問以下

問句：

- 當你能控制疼痛時，會有什麼不同？
- 對你來說，疼痛狀態控制得夠好（good enough）是什麼樣子？
- 你對於人過世之後會是什麼樣子、會是什麼樣的情況，有哪些想法？
- 從現在到離世之間的這段日子，你想要過什麼樣的生活？
- 你最大的成就是什麼？
- 你心中仍然存在的期望是什麼？
- 你最希望自己被人們記住的是什麼？
- 生活中若有哪些微小的變化，將會讓死亡變成是一種「善終」（good death）？
- 想像一下，在你死後第二天，你回顧自己對於現在到離世的這段時間裡所發生的一切事情，是感到滿意的。那麼是什麼讓你覺得一切是順利的？你會如何讓自己盡其所能的做到自己能做的事？
- 當你彌留之際，你不會後悔的是什麼？
- 在這裡（臨終關懷單位或醫院），你是如何讓自己可以繼續度過每一日、繼續前進的？
- 你還持續在做哪些事情，是你住院前原本就一直在做的事？
- 對於自己能夠處理這麼多事情，會讓你感到驚訝嗎？
- 當你能把情況處理得更好時，你會如何得知？

練習活動 5-10 · 練習與絕症末期病患設定目標

請學員兩人一組，練習上述詢問末期病患關於目標設定的系列問句。試過所有問句後，請學員討論：哪些問句會比較適合哪些特定情況的當事人？也請學員從練習中，發現自己較善於使用哪些問句。

◈ 特殊時刻

我會使用這種工具，協助那些對生活有著強烈負向想法的當事人，包含需要接受臨終關懷服務者。閃耀時刻（sparkling moments）的概念，最初來自敘事治療，但也可以改編應用於各處。而「特殊時刻」（special moments）這個工具，即是列出一張清單，記載著我們生命中出現過的特殊時刻。這張清單的內容可以是最近的，或是持續一生的，讓當事人可以寫下（或在腦海中回想）這些特殊時刻。回憶起這些特殊時刻的美好時光，有助於人們自尊的提升。這張清單還可用於提供當事人進行放鬆的暗示，或自我安慰的線索，也可用於冥想或睡眠引導之用。有時，當事人會將這張清單與親友分享，也有不少當事人喜歡將其作為私密的個人財產。

練習活動 5-11．與憂鬱傾向的當事人談話

❖ **活動目的：**

1. 降低學員對於進行有關「精神疾病」症狀對話時的焦慮。
2. 證明「跟隨當事人的語言」之技術，在治療中是有幫助的；而且此技術可以透過實務經驗和練習，得到精進。
3. 展示焦點解決短期治療問句的效果。
4. 凸顯「讚美」的價值。

請學員五至六人成為一小組，其中一人自願擔任當事人，其他則擔任訪談員。擔任當事人的學員，可以角色扮演自己曾經協助過的憂鬱案例；如果沒有與憂鬱症患者工作的經驗，也可以扮演下面這個案例：

- 你有一位丈夫（名字是建良）或妻子（名字是安萍），還有兩個孩子名叫大強和小明。
- 你已陷入憂鬱約兩個月了。

- 你是被送來接受心理治療的。

請擔任訪談員的學員們，將座位坐成半圓形；而扮演「當事人」的學員則坐在半圓形的中間，每位訪談員都面對著當事人。從當事人最左側的訪談員開始，每位訪談員依次向當事人詢問一個焦點解決問句。每個問句都必須包含當事人在回覆上一個問句時，所使用過的單詞或簡短的一段話。當事人可以按照自己的想法來扮演這個角色，並自由回應訪談員的問句。

十五分鐘後，每位訪談員需要給予當事人讚美。在讚美時，他們可以選擇以其扮演的訪談員角色來回應，或是以個人真實的身分來進行。之後，請扮演當事人的這位學員，就這個對話的體驗，提供相關回饋。

由於此練習需深度進入角色，記得在練習活動結束時，進行「去角色化」（de-roling）的動作，以保護自願擔任當事人的學員。「去角色化」是請扮演當事人的學員站起來轉身一圈，或做出一個自我肯定的聲明：「我是_____（自己的姓名），我沒有憂鬱。」

伴侶

在社區工作時，與當事人的伴侶（partner）有些連結與互動，是一個可行的做法。從邏輯上說，對人們行為最有力的增強作用，即是身邊最親近之人的觀點。

如果當事人單獨前來，治療師可以詢問：「誰與你最親近？」而「伴侶或者母親」是當事人常見的回答。

接著詢問當事人：「當你說出自己目前的感受時，他們會如何反應？」有兩種回答十分常見：(1) 諸如「你好好振作起來，你沒有什麼問題」、「你沒有什麼可擔心的」等類似的話語；(2) 同情，如：「你應該好好照顧自己、少做一點或別做了、別人應該做點什麼」等等。

　　治療師要注意當事人含糊不清的回覆。例如，當事人說：「我伴侶正在瞭解我的狀況。」治療師則可以接著詢問：「這樣有幫助嗎？」若當事人的伴侶就在現場，治療師可以直接與他們確認答案。接著，治療師可以提出不同的建議，是相反於伴侶慣於回應的模式。這是有道理的，因為如果伴侶原有的回應對當事人有幫助，那麼當事人就不會前來治療了。

　　對於前述兩類常見的伴侶反應模式，治療師可以這樣回應當事人：

1. 對第一類（如「你好好振作起來」）的伴侶反應，治療師可以對當事人提出如下建議：「你的伴侶想要幫助你，但是……」、「這是一個嚴重的疾病／問題，你不能只靠自己的意志力來擺脫它。你必須慢慢來……」（同時，接受這種額外的處遇／忠告）。

2. 對第二類（如「你應該好好照顧自己」）的伴侶反應，治療師對當事人可以這樣建議：「從現在開始，你需要盡可能多做一點＿＿＿＿＿。即使這是非常小的練習活動（或是額外的治療／忠告），也將會有助於處理你的問題」。

　　如果伴侶能在現場聽到治療師的這些建議，這些訊息的效果將可大為提升。如果伴侶同意這些想法，並提出一些不同的觀點，效果便會更為強大；因為大多數的伴侶，都希望自己能有機會提供幫助。

　　接著，治療師再對當事人的伴侶提出建議：

1. 對第一類（「你好好振作起來」）者：在說出「這聽起來真的令人很不愉快」之前，先聆聽伴侶的抱怨十分鐘。如果當事人的伴侶仍然堅持或認為，晚一點還是要說「振作起來」之類的話，也請他聽完當事人抱怨十分鐘之後再說。這樣，能有助伴侶練習具有建設性的回應，尤其當他們似乎很少會這樣做時。

2. 對第二類（「應該好好照顧自己」）者：在說出「這聽起來真的令人很不愉快。你需要做一些積極的事情，來轉移和分散自己的注意力」之前，先聽你的伴侶抱怨十分鐘。鼓勵伴侶能延遲說話，可以在說話

之前讓當事人產生被傾聽的感覺，這會讓當事人更容易接受伴侶所提供的建議。

如果伴侶／重要他人不在場，且當事人未能改善，治療師可以要求與伴侶／重要他人見面，並確認當事人提供的資訊無誤。對於當事人的伴侶，一個有用的問句是：「我從＿＿＿＿（當事人）那裡聽到了很多，如……。但是，你認為他會不會忘記告訴我什麼重要的事情？」這樣一來，與當事人現在問題有關的家庭秘密，常可能會自發的浮現出來。

取得控制權：幫助「聽見聲音」的當事人
（Brett Brasher; Romme & Escher）

與「聽見聲音」的當事人工作時，一個治療方向是：讓當事人在他和聽到的聲音之間的互動關係當中，取得更多控制權（control），而非是去「治癒」（cure）。很多時候，在當事人身處壓力時，聲音會再次出現。聽見聲音，其實常反應的是：當事人嘗試處理了情緒。每種聲音對不同的人都有特定的意義，只有使用「梳理意義」（address meaning）的相關技術，才可能幫助人們獲得「經驗的所有權」（ownership of the experience）。

以下是幾種常見的技術：

1. **日記**（diary）：溝通對話有助於找到一些秩序感；日記便是一種私密的溝通形式。想寫日記的人，需要自己決定在什麼狀況下寫些什麼，才是最有意義的，同時，也需要考量寫日記所需花費的時間與心力。將日記收藏起來、保持私密性，會有其正面助益。

2. **自助團體**（self help groups）：團體非常重要，隸屬於一個團體，能協助人們抵擋孤立和寂寞。團體能提供大家一個討論空間，團體成員可以談論藥物與副作用、工作，以及健康醫療體系的因應之道。團體

還提供機會，讓大家分享自我創造力的表現，如詩作、歌曲或其他嗜好。人際之間的溝通，乃有助於人們自我接納。

3. **專注**（focusing）：這個技巧是讓當事人透過自我監控的過程，寫下聲音所說的內容，以能更密切關注聲音。透過一系列漸進的、無威脅的練習，當事人可以傾聽並描述關於聲音的響度、口音、頻率等物理樣貌。這個技術協助當事人注意與發現任何可能具有個人獨特意義的意念或想法。

4. **分散注意力**（distraction）：使用耳塞、耳機、喊叫或手機的方式，讓當事人分散對聲音的注意力。這些方法在短期內或許有效，但它們未能處理聲音的潛在內容，所以，這並不是一個長期適用的解決方案。

5. **監控**（monitoring）：首先，請治療師專心思考一下，何時開始協助這位當事人，以及在幫助這位當事人時，自己是如何組織、建構著自己的努力的。記得詢問當事人聽到聲音的細節，這會讓當事人感覺到自己是被認真對待的。如果當聲音一出現就能被當事人監測到，將能有效降低聲音出現的頻率。延遲性（delayed）或回溯性（retrospective）的聲音監控似乎無效，甚至可能會使症狀加劇。立即性的聲音監控有助於當事人的認知處理，因為這樣的過程需要注意力的專注，並與現實建立連結。

6. **暴露**（exposure）：鼓勵當事人在約定的時間點，故意召喚聲音。當聲音出現時，試圖加強這些聲音（如：使它變得更大聲些）；接著，再使用因應技巧來弱化這些聲音。值得提醒的是，有些人採用這種技術取得了很好的效果，但是對另一些人來說，這種做法可能會讓他們感到驚嚇。

7. **觸發**（triggers）：請當事人識別會引發聲音的相關情境、情緒和人物。這些聲音的出現，經常是當事人對於可辨識的一些人、事、物的反應。這些聲音可能會讓當事人回憶起創傷、干擾了他的生活，或甚

至是在試圖保護聽到聲音的當事人。撰寫個人生活史，往往讓當事人能夠「看到」這些「聲音」與「特定生活事件」之間的連結。

8. **自主**（autonomy）：當事人需擁有社會角色，以培養自我認同和獨立性。獨立生活、擁有工作以及一定程度的經濟獨立，常可為個人帶來社會角色和價值。對他人的依賴，會使得人們難以做出選擇，或獨立做出決定。

9. **焦慮管理**（anxiety management）：若當事人聽到的是令他不愉快的聲音時，便可使用這個方式。為當事人提供管理焦慮的相關選項，是至關重要的。放鬆技巧、沐浴、運動和某些食物，都可以緩解伴隨聽到聲音而來的緊張感。請當事人撰寫正向自我陳述，並多次閱讀，也會是很好的行動方案。

10. **信任關係**（trusting relationships）：向當事人的家庭提供相關訊息，並向他們說明，對於當事人聽到聲音一事可以如何因應。鼓勵家人運用相關有效的策略來協助當事人，是很重要的。對於這些「聽見聲音」的當事人來說，日常生活並不是唯一值得擔心的議題，他們需要時間和空間來處理、消化自己對聽到聲音的憂慮。聲音的入侵，其實是一種個人隱私的被侵犯。

練習活動 5-12・與「聽見聲音」的當事人對話

❖ **活動目的：**

1. 降低學員進行有關「精神疾病」症狀對話的焦慮。
2. 證明「跟隨當事人的語言」之技術，在治療中是有幫助的；而且此技術可以透過實務經驗與練習，得到精進。
3. 展示焦點解決短期治療問句的效果。
4. 凸顯「讚美」的價值。

　　請學員五至六人成為一小組，其中一人自願擔任當事人，其他人都擔任訪談員。擔任當事人的學員，可以角色扮演自己曾經協助過、有精神疾病症狀的當事人；如果沒有相關經驗，也可扮演下面這個案例：

- 你會從外界聽到聲音，有時是來自收音機或電視的聲音。
- 服用大麻，會使聽見聲音的情況變得更嚴重。
- 你和父母一起住。
- 對於你聽見聲音一事，你的父親說：「笨蛋，別理他們。」
- 你的母親會批評你父親這樣的說法。
- 音樂對你有幫助。
- 藥物也是有幫助的，但你常不吃藥。

　　或者，也可以扮演這位當事人：

- 說著：「街上的攝影機都在監視我，快報警啊。」
- 受驚、不外出、不買食物、不讓親友進門。
- 獨自生活，房子又髒又冷。
- 覺得睡眠會有幫助，也認為把窗戶關上是比較好的。

　　請擔任訪談員的學員們，將座位坐成半圓形，而扮演「當事人」的學員則坐在半圓形的中間，每位訪談員都面對著當事人。從當事人最左側的訪談員開始，每位訪談員依次向當事人詢問焦點解決問句。每個問句都必須包含當事人在回覆上一個問句時，所使用過的單詞或簡短的一段話。當事人可以按照自己的想法來扮演這個角色，並自發地回應訪談員的問句。

　　十五分鐘後，每位訪談員需要給予當事人讚美。在讚美時，他們可以選擇以其扮演的訪談員角色來回應，或是以個人真實的身分來進行。之後，請扮演當事人的這位學員，就這個對話的體驗，提供相關回饋。

　　記得在這個練習活動結束時，進行「去角色化」的動作，以保護自願擔任當事人的學員。

　　基於過去的經驗，以及家人之間的熟悉，受到聲音干擾的當事人若有了微小變化，家屬通常很快就會察覺到。如果當事人對聽見聲音此一議題的管理上有困難，請他的家屬針對如何處理這種情況提出建議，通常也會有幫助。家屬曾經使用過的策略，可能更容易被大家認可，當事人也更容易接受。同樣地，若是家屬對機構或其管理方式持批評的態度，那麼向他們詢問關於如何幫助當事人的提議，也會很有用。家屬可能知道以前對當事人有效的處遇措施，若治療師讓家屬成為盟友，對於化解目前的情況會很有價值。如果家屬說他們沒有任何建議，且認為工作人員應該提出建議，那麼即表示這些家屬將會更容易與工作人員提出的建議進行合作。

◈ 在機構與小團體中的應用

　　並非每個機構的團隊成員，都希望以焦點解決取向的方式進行工作。只要尊重所有人的觀點，就不會引發衝突。一些研究表明，於治療中，當治療師採用的工作模式是既符合當事人的觀念（client's concepts）、治療師又能效忠於此模式時，治療將會產生更佳的效果。因此，團隊中能提供或允許不只一種工作取向或模式，會是較合適的。例如，許多助人工作者擁有自己特定的技能和先前的受訓背景，他們在面對不同的當事人時，常會運用自己的判斷，決定採用哪種模式對該當事人最好；那麼，在此同時，他們也願意將焦點解決短期治療作為一種可能的選項。或者，助人工作者也可能只使用他們偏好的工作模式，但是，當他們看到自己偏好模式的特定技術，能夠對團體中其他成員的工作發揮效益時，他們也願意貢獻自己的意見提供大家參考。

　　新奧爾良的 George Greenberg 是焦點解決團體的先鋒者，他為有著長期心理健康問題的當事人，創立焦點解決團體。在進行團體時，他先專注於目標：「你想達到什麼？」接著進行評量，借助團體的建議產生下一步驟。同時，他也會多次詢問：「上次你參加團體後，你完成了哪些事情？」他強調，團體帶領者需維持團體活動與討論的活躍度。根據他的經

驗，當事人會在團體裡進進出出或錯過團體，但這種情況不會對團體造成問題，也不會影響到當事人實現他的最終目標。焦點解決團體實施於支持性的治療工作，以及日間照護中心相當有用；也可以在家庭議題的小團體中，運用相同的團體結構，讓參與者學習親職技能。

美國丹佛市的某家醫院，全院推行焦點解決短期治療的工作模式。他們透過各種不同的團體，來達成目標設定，以及建構解決之道的運用。住院病房裡有一個定期辦理的「讚美團體」（The Compliments Group）。每週有兩名工作人員，與所有病人會面。工作人員會明確指出每位病人前一週的成就，並給予兩個稱讚；接著，工作人員會請其他團體成員再給予該成員一個不同的讚美。這家醫院報告說，這是唯一一個沒有出現成員抱怨的團體。同樣的團體技術，也可以應用於教室課堂，以及困難相處的青少年的工作之中。

◈ 當事人聽見的聲音令他痛苦時（Michael White）

如果當事人聽見的聲音令他痛苦時，可提出以下問句：

- 那些聲音對你說些什麼？
- 這些聲音是支持你、還是反對你？
- 這些聲音把你丟入困惑之中，它們這樣做對誰會有好處？
- 有什麼時候，你是能夠站出來對抗這些聲音的？
- 你是怎麼做到的？
- 這些聲音什麼時候不得不聽從你的想法，即使只是一會兒？
- 當這些聲音知道你對它們越來越不信任了，這對它們意味著什麼？
- 當這些聲音讓你覺得很困擾時，你都是如何因應的？
- 當你站出來反抗這些聲音時，周圍的人會注意到你有哪些不同？

◈ 克服暴力量表

與對伴侶使用暴力的當事人工作時，可運用下表和當事人建立目標。

克服暴力量表

請就各項說明，選出最符合你現況的頻率	完全沒有	偶爾如此	常常如此	總是如此
1. 我與伴侶有爭論時，可以冷靜地和他（她）對話。				
2. 我可以不打斷地專心聽伴侶說話。				
3. 我有一套方法可以確保我和伴侶能夠輪流說話。				
4. 我能接受伴侶有心煩意亂的權利。				
5. 我能感覺到被伴侶珍惜與關愛。				
6. 當伴侶生氣時，我可以等他（她）冷靜下來。				
7. 我不使用輕蔑的言語對待伴侶。				
8. 當伴侶用輕蔑的言語對我時，我知道該如何回應。				
9. 我與伴侶能尊重彼此不同的觀點。				
10. 我與伴侶彼此信任。				
11. 爭執時，我能夠做到不用挖苦譏諷的方式對待伴侶。				
12. 我與伴侶能無所畏懼地坦誠相待。				
13. 當有憤怒的語詞出現時，我已經有阻止憤怒繼續擴大的方案了。				
14. 我記得：「感到」（feel）生氣是可以的，但是真的「做出」（do）生氣的行為，是不好的（包括語言攻擊）。				
15. 我會為自己使用暴力造成的傷害，負起責任。				
16. 我瞭解我無權使用暴力來達成自己的目的。				

（續下頁）

請就各項說明，選出最符合你現況的頻率	完全沒有	偶爾如此	常常如此	總是如此
17. 與伴侶爭論時，我並不覺得自己一定需要贏。				
18. 我已經清楚知道，之前我認為「暴力是可以接受」的觀點，是從何而來。				
19. 對於任何支持暴力的言行和觀點，我會予以挑戰質疑。				
20. 當我與伴侶爭論時，我們都不擔心有人會因此失控。				
21. 我有一些方法，讓我的伴侶更容易、也更願意告訴我關於他（她）的想法。				
22. 我可以處理工作上的挫折。				
23. 我可以控制我的酗酒行為。				
24. 我可以抵抗想嗑藥的欲望。				
25. 我可以清楚禮貌地表達需求（而非期待伴侶能猜透我的心思）。				
26. 當需要時，我會尋求協助。				
27. 我與伴侶經常討論與計畫，如何提升我們之間「無暴力」的互動關係。				

CHAPTER **6**

例外找尋以及評量問句的
練習活動

　　在建構了當事人想要實現的目標之後，下一步就是要找到實現這些目標的方法和途徑。焦點解決短期治療對於當事人如何善用自己的技巧、想法、能力來實現目標，深感興趣。焦點解決實務工作者的功能，不是發揮於直接建議當事人應該如何實現目標，而是致力於發現與確認當事人的優勢和能力所在。由於當事人的問題並不一定是全面的、不變的或絕對的，因此，焦點解決短期治療關切的是：問題較少出現，或沒有發生的那些時候。焦點解決短期治療創始人 Steve de Shazer（1985）提出的諸多新見解之一是：重視「例外」。意指在那個時間裡，合理地預期問題應該會出現，但不知何故，問題卻沒有發生。尋求和確認例外，並仔細探究當事人在例外時刻中，言行的不同之處，將有助於當事人發展適合自己的策略來處理問題；這也能提醒當事人多加注意：自己在處理目前情況的過程中，已經用到的既存技能。

例外

　　對於那些難以達成的目標或不願意改變的當事人，如涉及酒精或藥物上癮，或者家庭暴力等議題時，探詢例外特別有幫助。因為這些當事人對

於改變或者控制自己情況的能力，容易感到絕望，當他們透過有一些小小的例外而清楚看到自己擁有控制的能力或延遲滿足的行為時，他們往往會十分訝異。這樣的發現將能提升他們的自我掌控感以及進一步規劃後續步驟的能力。

◈ 探詢例外的關鍵代表問句

- 什麼時候問題沒有發生？
- 什麼時候問題比較少發生？
- 你之前提到某些日子／時期是比較好一點；這些比較好的時候，是什麼情況？
- 在這些時候，你會做些什麼和平常不一樣的事情？
- 這些時候，還發生了什麼比較好的事情？
- 當情況對你來說是比較好的時候，誰會先注意到？
- 接著，還有誰會注意到？
- 在這些時候，他們都注意到些什麼呢？
- 還有呢？

與討論目標時一樣，治療師邀請當事人回答這些問句時，最重要的是要瞭解：那時他們「正在做什麼」，而不是他們「沒有做什麼」（或不在做什麼）。

當事人的每個例外都可能展現出他的潛在優勢，需要治療師透過詳細詢問細節，予以澄清與確認。探詢例外這項技術十分很簡單，也容易被人採納，即使當事人的智力和教育背景有限。

以下問句來自系統取向家族治療，而非焦點解決短期治療。然而當事人對這些問句的回答，常會提供相當有用的訊息。

- 誰是家裡的「老大」？
- 家裡的大小事，都是如何決定的？

- 誰會負責做出哪種決定？

「權力」是存在於人類事務中一個現實的議題；上述幾個問句，也凸顯了權力議題的相關層面。提出這些問句，會引發當事人思索相關議題；有時候，當事人甚至是生平第一次開始思考這些議題。不過，家庭成員可能不以口語的方式來回應這些問題，例如，家人回答：「沒有特定的『老大』啊。」但是每個人在說話前，都會先看一下母親；那麼，母親就很可能是這個家庭的關鍵決策者。

對大多數家庭而言，有人能夠做出其他人都可以遵循的決定，是很重要的。對於任何家庭或群體來說，缺乏有效的決策，常會產生令人莫衷一是的難受。如果家庭中的「老大」希望改變發生，那麼改變就更有可能會出現。如果家庭的「老大」是一位酗酒者或非行少年，那麼，讓其他家人能夠意識到這一點，也會有幫助。此外，請記得：人們喜歡閒聊、八卦彼此的事情，更勝於發表自己的意見！

練習活動 6-1 · 尋找例外

❖ **活動目的**：熟悉焦點解決歷程中「尋找例外」這個重要要素。

請學員兩人一組配對練習，相互詢問有關例外的問句。建議學員在熟悉整個焦點解決會談的流程之前，先不要偏離下列問句。

1. 促進例外的尋找

- 告訴我，你沒有_____（困擾）的時候……
- 告訴我，你_____（困擾）比較少的時候……
- 儘管有這樣的感覺，但請告訴我，你能夠因應這些_____（困擾）的時候……
- 當你覺得_____（困擾）的時候，你會做什麼？而當你不覺得_____（困擾）時，取而代之的，你又會做什麼？

- 你是怎麼做到的？
- 告訴我「你拒絕讓□□毀掉你的一天」的那些時候。
- 你上一次阻止了讓□□毀掉你的一天，是在什麼時候？
- 當有更多○○（例外）發生時，會是什麼樣子？
- 當發生更多○○（例外）時，誰會注意到？
- 誰可以幫助你讓○○（例外）發生的次數增加？

2. 安全性問句

以下問句在進行安全性評估時，將有助找到例外的存在。

- 我要如何知道你會平安無事？
- 你可以做些什麼，以及我可以做些什麼，才能幫助我相信你會平安無事？
- 當什麼訊號出現了，能讓你知道你會平安無事？
- 你可以跟我分享嗎？如果我能知道這些訊號，是不是也會讓我覺得安全了許多？

Murphy（1997）在關於學校輔導的教科書中，撰寫了幾個不同學校情境裡的案例研究。除了常用的焦點解決技巧之外，他還設計了 5-E 的方法，可以有效善用例外經驗。

1. **引出**（Eliciting）並尋找與問題相關的例外。
2. **詳細說明**（Elaborating）與例外相關的細節和情境。
3. 將例外**擴展**（Expanding）到其他情境中，並提高發生頻率。如詢問：這樣的例外還在哪裡發生過？
4. **評估**（Evaluating）介入的有效性。如詢問：這個例外對你多有用呢？
5. **賦能**（Empowering）及努力維持所欲的改變。如詢問：可以做些什麼，來讓這個例外能夠繼續發生？

練習活動 6-2・EARS 問句（Berg & Reuss）

❖ **活動目的：**瞭解如何擴展「例外問句」的答案。

- **引出（Elicit）：**什麼地方好轉了？有哪些例外情況已經發生了？
- **詳述（Amplify）：**探討好轉之處的細節，以及獲取例外情況的細節。
- **增強（Reinforce）：**針對當事人的進展與例外，給予讚美及非言語鼓勵。
- **重新開始（Start again）：**重複上述過程，直到沒有更多進展和例外出現為止。然後，進行評量問句及後續的步驟。

評量

　　焦點解決短期治療中，最有效的技術之一是「評量問句」（scaling question）。評量問句邀請當事人評估他們對問題本身，及其處理問題的能力、信心和意願的知覺。評量問句是焦點解決治療師重要的資產之一，可以幫助當事人從「全有或全無」（all-or-nothing）的目標，轉向不那麼令人生畏的具體行動步驟。評量問句並不是依據外在的事實，而是依據當事人與治療師在會談室內的對話來進行，也可以作為一種追蹤當事人進展狀況的即時、有效的工具。當然，評量問句也有助於治療師提高與其他共同協助當事人的專業人員，彼此之間溝通的清晰度；透過評量問句，治療師能讓這些專業人員瞭解到當事人從 3 分進步到 6 分的進展，並為此而驚豔，即使他們不熟悉當事人，或對改變的細節並不知情。

　　評量問句能幫助當事人使用更為具體的方式，談論難以描述的事情。量尺上的每個數字在不同的情境中，都有其不同的意義，同時也提供了簡明的結構，方便討論進展以及探索改變的可能性。如果當事人提到情緒，我們可以用量尺來談論情緒：「當你在量尺的位置再前進 1 分時，你現在

感覺到的這些情緒，到那時又會有何不同？」

當事人可以選擇 1 或 10 作為所謂最好狀況的分數（或任何數字）。這通常取決於國家、文化以及當事人的偏好。在英國的小學中，10 分通常是教師給分的最高分，因此大家也認為 10 分是最好的；而在其他國家，可能使用不同的數字。有些兒童可能會運用室內空間距離或手勢，來表示分數的高低，而青少年可能更喜歡使用百分比。當外科醫生使用 0～10 的量尺測量疼痛程度時，病人通常會認為 10 是最痛的。對於沮喪的當事人來說，使用 0～10 的等級似乎比較好，因為即使是 1 分，對於一些陷入憂鬱的人來說，也可能顯得遙不可及；同樣地，情緒高漲的人，可能會評量自己目前在 20 或 200 分的位置。

此外，治療師還可以詢問當事人：「在同一個量尺上，別人會怎麼評量你？」「他們會認為，你最好的時候，分數會是幾分？」接著，就他們評量的分數，繼續以焦點解決問句進行探究。治療師也可以與當事人討論一下這些數字，或者只是使用他們的語言，繼續進行對話。

◈ 關於評量的關鍵代表問句

- 請想一下，在 0～10 的量尺上，0 分表示：事情對你來說是最糟糕的狀態；10 分表示：在和這個問題有關聯的情況下，是最佳的狀態。
- 那麼，你現在位於哪個數字的位置？（暫停一下）請給一個數字。
- （當事人：「2 或 3？」）那麼，可以更精確一些嗎，是比較接近 2，還是比較接近 3？
- 如果要到達你所希望的 10 分位置，可能需要多久的時間？（如有必要，請提示：「五年？還是更久？或者更快些？」）
- 也許 10 分這個目標太大了？
- 更低一點的分數，會更實際些嗎？
- 你可以接受的數字是多少？

- 當你在量尺上更前進 1 分時，你會如何辨識或從何得知？
- 當你再進 1 分時，還會有什麼不同？
- 誰會注意到？
- 在這量尺上要前進 1 分，需要多久時間呢？

　　要回答「需要多久的時間……？」當事人有時會需要提示。如果治療師提出「可能一年？或者更長？」當事人通常會說，他們希望改變可以更快發生；此時，治療師就可以再提出一個較短的期限。這裡我們嘗試改變當事人的期望，亦即：不管他們提出什麼樣的期限，治療師可提出另一個不一樣的時程。當事人對於改變發生所需時間的估計，通常不見得會正確；但是，這個過程也向當事人證明，他們對於情況是有其預測的，而非他們所想的那樣一無所知。如果治療師提出一年，當事人立刻說太長或太短了，那就顯示當事人心中其實有著一個時間表；而此，也正在告訴治療師：當事人希望產生改變的速度為何。如果當事人想要立竿見影，那麼在會談結束的回饋中，治療師便可以提出：由於這個問題已長期存在，要立即改變可能不太容易。如果當事人希望變化非常緩慢地進行，那麼將兩次會談之間的時間間隔稍微拉長，或許會更適合。有個很好的工作原則是：治療師不應比當事人更努力，或者期望當事人改變的速度比他本人能接受的還快，否則治療就會出現「強迫解決」（solution forced）的現象了。

　　大多數的當事人，在評量問句的評分達到 7 或更高時（這裡是指在1～10 的量尺上，1 表示最不好，10 表示最好），就會開始考慮結束心理治療服務。如果他們對心理治療的結束有些擔憂，可以在最後一次會談的幾週或幾個月之後，再提供一次最終的會談。其實當事人很少會參加這種外加的會談。有些實務工作者喜歡與當事人約定，以 10 到 12 次會談作為一個治療服務的單元（於每次來談後付費），但如果治療師覺得可以暫時結束會談，即可與當事人商議：「你已經使用了四次會談，還有六次。除非你告訴我們，你覺得不再需要為你保留這六次會談了，不然我們會在

一年內先為你保留著。所以，當你需要時，打電話給我們即可，不需要再經過一般預約安排的行政程序。」同樣地，其實當事人也很少會使用這個方案。

◇ 對問題／目標使用評量問句之後，後續的追蹤問句

- 對於你剛才對自己「目前狀況」所說的分數，你對這個分數的「滿意度」是幾分？（如果在 0～10 的量尺上，10 表示非常滿意，1 表示很不滿意。）

- 當你在這個滿意度的量尺上再提高 1 分時，你可能做了什麼不同的事情？

- 你認為_____（對當事人有抱怨者的姓名），對你現況的滿意度會打幾分？

- 當你做什麼不同的事情時，就會告訴那個人（前述抱怨者）你已經提高了 1 分？

- 在 0～10 的量尺上，0 代表你一點都不想花費心思，10 代表你會做任何事情來解決這個問題，此時，你在這個量尺幾分的位置上？（可以繼續跟隨這個問句，進一步詢問：如果再提高 1 分時，你會有什麼不同的作為？）

- 在 0～10 的量尺上，如果 1 表示你幾乎沒有信心成功做出改變，10 表示充滿著信心，那麼你今天在幾分的位置上？（可以繼續跟隨這個問句，進一步詢問：如果再提高 1 分時，你會有什麼不同的作為？）

- 在 0～10 的量尺上，如果 10 表示你知道自己想要什麼、也知道你需要做些什麼，0 則表示相反的狀態，那麼，你目前在這量尺上的什麼位置？

- 你用了多久的時間，達到目前這個分數？

- 在 0～10 的量尺上，對於想要實現你追求的目標，你目前下定決心

的程度是幾分？（這個問句的答案，通常有助於找到優勢和資源，特別是在當事人感到悲觀時。）

如果有其他與當事人有關的人（如家人、社工或老師等）在場，可以詢問他們是否同意當事人說出的分數？或者，這些分數是否符合他們的預期？這些資訊都將對當事人帶來幫助，因為這可以讓當事人思索：別人和他的觀點，何以有所不同。有時，這些認識當事人的專業人士或親友的回饋，也可能對當事人的決定或選擇，產生十分有力的支持力量。

有些人會認為，焦點解決短期治療是忽略當事人情緒的，其實不然。在實務工作中，當治療師使用評量問句後，接著第一個追問的常是：「你要如何辨認自己已經在量尺上增加 1 分了？」當事人常見的回答方式是採取：「我會『感覺到（feel）』……」的語句形式來回應。治療師對當事人的情緒表示接納認可後，接著可以擴展到與情緒相關的各種行為，以及其他人對於當事人情緒變化的反應（如治療師會接著問：「當你感覺到……時，還有會什麼不同？」）。

治療師也可以變化不同的方式，來運用評量問句。例如：「你對自己選擇的目標，有多大的信心可以達成？」通常不到萬不得已的狀況，當事人不會選擇來接受心理治療；所以，在治療開始的時候，當事人可能可以很快就確認出目標，但是當事人並不相信他們能夠達成目標。例如在親密關係的議題上，治療師可以問：「在 0～10 的量尺上，你有多大的信心，認為你們兩年後還能在一起？」不管伴侶是否在現場，當事人都常會從他們自己的回答中有所反思和學習。如果當事人與伴侶都在場，那麼詢問他們同樣的問句可能也會有用；因為，當一個人說 2 而另一人說 10 時，他們就會意識到平時彼此是如何溝通的，而無須治療師對他們的互動有所置喙。

有些當事人喜歡保存評量分數的紀錄，如寫日記一般。治療師：「每天晚上，評估一下你今天在量尺上的分數位置，並決定你希望明天達到的

分數。然後在下次會談時,告訴我這些紀錄(日記)的情形。」這種方式的優點是,如果當事人預測了一個較低的數字,而且結果正確時,將能顯現當事人的判斷能力;如果結果比當事人預期的更高分,也會是一個好徵兆。而如果當事人預測一個較高的數字且預測正確,那麼這也是一個好徵兆;如果當事人預測的分數較高,但實際得分較低時,當事人便可以學習如何做出更準確的預測,也可以判讀當天哪裡出了狀況,那麼之後,當事人就會發現對明天的預測更為準確了。如果當事人的評量分數高於 0 時,這也就暗示例外已經存在了,哪怕這個例外十分微小。

練習活動 6-3 · 練習如何使用評量問句(Paul Jackson)

學員都站在同一間教室裡,教室的兩端標有 1 和 10。請學員想像這 1 到 10 中間是一條連續的直線,然後,請他們對自己目前的能力進行評分(10 代表能力很高)。之後,請學員走到自評分數的位置上,想出三件他們覺得自己很有能力的事情,並且說給最靠近自己的夥伴聽。接著,請學員沿著這條想像出來的直線,往高 1 分的位置邁進,然後,再找另一位位置最近的夥伴,與他分享:當自己到達這個分數時,有哪一件事情會發生了變化。

與兒童進行評量問句

與兒童進行評量問句時,可以變換的形式如下:

- 畫一個梯子或樓梯,寫下每一步會發生什麼。
- 在牆上或黑板上畫一條線,請兒童指出他目前所在的位置。
- 在地板上鋪設玩具或模型車,代表各等級分數,再請兒童走到目前的分數位置上。

練習活動 6-4 · 美好新發現——永續讚賞之迴圈
（Paul Hackett）

❖ 活動目的：

1. 練習在日常生活中，能注意到微小細瑣的勝任力。

2. 學會以欣賞的眼光看待世界，而非只專注於缺陷與不足。

　　階段一：請學員在生活中（如家庭、工作、朋友圈等）開始觀察與尋找令自己欣賞的人、事、物，特別是之前視而不見、沒有特別注意到的小確幸。當看到這些小小的美好時，請學員以口語或非口語的方式，傳達出認可和肯定。之後，仔細觀察當自己發出讚賞後，身邊出現了擴散到你身上的「讚賞迴圈漣漪」（appreciative circle rippling）的任何一個證據。

　　請學員相互分享與討論：

- 你注意到在家有哪些讓你欣賞的地方呢？
- 你注意到你的同事和朋友，有哪些地方是你欣賞的？
- 當你能發現一些同事和朋友有著令你欣賞之處時，即使大家什麼都沒說，但是這樣的欣賞，又會如何讓你的一天過得更好？
- 這對你會產生什麼樣的影響？
- 當你告訴他們你對他們的欣賞時，你注意到他們有什麼不同的反應嗎（不管在肢體上或語言上）？
- 你發現了這個讚賞迴圈漣漪擴散到你身上時，將會為你帶來什麼不同？

　　階段二：請學員選擇一個目前與之工作的案家，這個家庭成員之間常會相互批評、不太溫暖的家庭。直接邀請這個家庭，開始以欣賞的眼光看待家人。Paul Hackett 建議，可以讓家人透過給予「隱形徽章」（invisible badges）的方式，來表達他們的欣賞之情（如用指尖輕觸手臂）。同時，也請這個家庭進行記錄：誰送出了最多的隱形徽章，以及誰接受了最多的隱形徽章。

練習活動 6-5・能力（Jacek Lelionkiewicz）

❖ **活動目的**：學會如何問出對方擁有的能力。

1. 兩人配對進行

請學員兩人一組。一人先分享最近在工作上或週末中某件很順利的事情；另一人則仔細詢問有關此事的詳細資訊，再多加詢問關於優勢的問句，例如：

- 你從哪裡學會做這件事情的技能？
- 有誰注意到你做了這些事情？
- 未來，你會如何在此基礎上再接再厲？

2. 三人一組

學員三人一組，分別扮演 A、B、C 三個角色。

活動進行的步驟如下：

(1) 先請 A 訴說問題，B 追問關於問題的細節，C 記錄這個對話歷程使用了多少個關於問題的詞彙。

(2) 請 A 仍講述問題，但是 B 只詢問正向方面的細節，C 則記錄對話歷程中使用了多少關於解決方案的詞彙。

(3) 接著，根據 A 訴說的事，B 對 A 給出讚美，C 則記錄 B 使用了多少讚美的詞彙。

(4) 之後，請 C 就 A、B 曾說過的正向內容，分別給予讚美。

三人的角色互換，並重複前述步驟（如果課程還有時間、學員也不感到無聊的話）。

最後，請所有學員回到大團體，分享其心得以及印象深刻的地方。

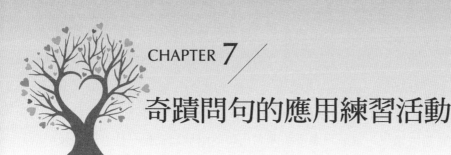

CHAPTER 7
奇蹟問句的應用練習活動

　　「奇蹟問句」是焦點解決治療師經常使用的工具。當事人在回答奇蹟問句的過程中，看得出能立刻經驗到愉悅的情緒。這樣的過程強化了當事人的治療體驗，也成為當事人目前狀態的另一個例外經驗。奇蹟問句往往能激發當事人的創造性思維，一開始當事人或許會躊躇不前，但之後就能慢慢拼湊出全新的目標或抱負。

　　焦點解決治療師不會向當事人承諾什麼事情會發生，或什麼事情不會發生，包括復原會是怎麼樣的一個歷程與結果。治療室內討論的是：當事人如何改變生活，或因應目前困難處境的各種「可能性」；所以，不會對「成功」做出不實的保證。

　　提問**奇蹟問句**的問法是：「現在，我要問你一個奇怪的問題。（暫停）假如在我們今天談話結束後，你接著也做完這一天該做的事情，然後上床睡覺了。（暫停）就在你睡覺的時候，一個奇蹟發生了。這個奇蹟解決了你帶來會談的問題。（暫停）然而，由於你在睡覺，你並不知道奇蹟已經發生了。所以，當你明天早上醒來的時候，你會注意到什麼，讓你知道奇蹟已經發生了，你所帶來的問題已經解決了？」

　　神經語言程序（Neuro-Linguistic Programming）強調，眼動（eye movement）是一個人「內在過程」的指標。他們明確指出，大多數神經組織功能正常的人，在腦中設想新材料時，眼睛會有向上、向右的短暫運動，或者暫時出現不聚焦的狀態。當事人在回答奇蹟問句時，治療師經常

可以觀察到當事人出現類似的眼球運動。這些都意味著大有可為的跡象，表明當事人即將對奇蹟問句做出一些有用的回應。進入奇蹟願景，常是以圖像的方式開始啟動。雖然有人指出：只有 50% 的人屬於視覺導向，其他 30% 的人偏好聽覺訊息，以及 20% 的人偏好動覺／軀體訊息；但是，對大多數當事人來說，這種回應奇蹟問句出現的眼球運動是一種普遍的反應，不只是 50% 的人會出現而已。

回答奇蹟問句時，當事人的第一個反應常是沉默以對，或表示「我不知道」；其實這樣的表現，似乎是一種延緩性思考，因為在等待一會兒之後，當事人往往就會有更詳細的回答。瑞典的 Harry Korman 運用治療錄影來研究治療師的行為，發現對於當事人回答奇蹟問句的第一個反應，治療師暫時不要有任何動作或說話，是很重要的。他認為，如果治療師有所移動或發出聲音，便意味著該輪到治療師說話了，而讓當事人停止思索奇蹟圖像的思維與回應。Steve de Shazer 十分贊同這項發現，他建議，在當事人出現了沉默以對或有「我不知道」的反應後，治療師應等待約六到十秒。語言學的研究表示，對於英語使用者而言，四秒鐘的沉默是正常談話中能夠容忍的極限。如果當事人仍然沒有回答，則可以使用以下介紹的問句，予以提示。

一些伊斯蘭教的信徒，可能會認為談論奇蹟是很冒昧的事情，他們認為奇蹟是神的權利範疇；佛教的一些傳統價值也拒絕奇蹟，因為佛陀並不鼓勵信徒追求鬼怪神通或神蹟。有趣的是，祂這樣做的理由是：奇蹟是頻繁發生的，不應被用作說服人們相信特定宗教真理的手段。

若當事人不能接受「奇蹟」，治療師可以改問：「五年後，當我們又再見面時，這個問題已經得到了解決，那麼你會告訴我，這段時間你發生了什麼事？」或者：「當你給我們看這幾年所做的事情的錄影時，你猜大家會在影片中看到什麼？」也可以參考 Bill O'Hanlon 的版本：「如果我們能從一個水晶球看到你的未來，你猜，我們會看到的是什麼？」與兒童工作時，治療師可以和他談談：「五年後，這段時間裡每一件事情都被修

復、治癒了……」或者以「當你使用哈利波特的魔杖……」作為開場。

練習活動 7-1‧奇蹟問句

❖活動目的：

　　1. 介紹奇蹟問句。

　　2. 練習發展個人目標。

　　請學員想像：「作為一名實務工作者，你知道很難按時完成機構規定的表單，這常讓你感到焦慮，尤其當你和你的督導者因頻繁抽查而倍感壓力時。想像一下，今晚你回到家，像往常一樣吃了晚飯，放鬆一下，然後，上床睡覺。在夜裡，奇蹟發生了，你在完成各個表單時遇到的問題完全消失。但是，因為你睡著了，所以，你不知道奇蹟已經發生。」那麼：

- 當你明早去上班時，你會注意到的第一件事是什麼，讓你發現奇蹟已經發生了？
- 你的同事會注意到哪些不同？
- 你的督導者會注意到哪些不同？
- 你又將會做些什麼不同的事？

練習活動 7-2‧練習奇蹟問句

❖活動目的：更加熟練奇蹟問句及其應用。

　　奇蹟問句：「現在，我想問你一個奇怪的問題。假設在我們今天會談結束之後，你在一天結束所有事情後，也上床睡覺了。在你睡覺時，奇蹟發生了。這個奇蹟解決了讓你來到這裡的問題。但是，因為你在睡覺，你不知道這個奇蹟已經發生了。那麼，當你明天早上醒來的時候，會有什麼不同的事情讓你知道奇蹟已經發生了，並且將讓你來到這裡的那個問題解

決了？」

　　提出奇蹟問句之後，請暫停四到六秒，好讓當事人有時間思考；因為，這不是個容易回答的問題。接著，治療師可以採用下列提示，繼續推進。

1. 奇蹟問句的提示

- 你會和平常一樣的時間醒過來嗎？
- 你會吃與平時一樣的早餐嗎？
- 你會穿同樣的衣服嗎？
- 你會注意到什麼？還有呢？還有呢？還有呢？
- 你會看到什麼？
- 會有什麼不同？
- 其他人會注意到你的地方是什麼？
- 想像稍後這個上午，又會發生什麼事情？還有什麼能夠讓你知道奇蹟已發生了？
- 在工作／家庭／其他地方，又會有什麼不同？
- 回到家裡，傍晚的時候，你還會注意到什麼？
- 在這奇蹟發生後的第一天結束時，你會對自己說些什麼？

　　如果當事人的回答是「中了彩券」、「所有的同事都換成別人」、「擁有絕對的權力」，治療師則可以回應：

- 所以，「你」會有什麼不同？會「做」哪些不一樣的事情？
- 這些事情，現在有可能發生嗎？

　　若當事人處於極度悲觀或缺乏明確目標時，治療師則可詢問：

- 當你不再需要任何治療的協助時，你會如何得知？
- 大多數的問題會有其缺點，但也會有其優點。我們如何在擺脫缺點的同時，將優點保持下來？

如果當事人十分悲觀,有時反而更可能接受在問題解決的過程中,有其缺點劣勢存在的事實。

以下這個負面版本的奇蹟問句,有時可以幫助那些極度悲觀的當事人:

「假設今晚你去睡覺……做了一場噩夢。在這場噩夢中,你之所以會來到這裡的所有問題,突然都變成最糟糕的狀況……,當你醒來後,這場噩夢成真了。那麼,明天你注意到什麼,讓你知道你正過著如這噩夢般的生活?」

透過這樣問與答的過程,治療師展現自己瞭解、接受了當事人認為可能最糟糕的故事情節,或許會讓當事人覺得無須再增添說明。如此一來,當事人之後就會開始轉向思考,給予新的、不同的後續回應。

2. 當事人以「不知道」回答奇蹟問句時的提示

當事人回答「不知道」,意味著:「等等,我正在思考這個問題的答案。」有時則代表著:「我知道答案,但是我不夠信任你,現在不想跟你說。」

此時,治療師可以:

• 讓自己看起來有些困惑茫然的樣子,並靜靜等待。

或者回應:

• 「這是一個棘手的問題……」
• 「可能有時候,會同時感到自己『知道』又『不知道』,好像是一線之隔,覺得很困惑……」
• 「花點時間思考一下,不急。」
• 「猜猜看。」
• 「假如(suppose)你確實知道答案是什麼了,你會怎麼回答呢?」(Insoo Kim Berg 慣用的)

- 「當（when）你確實知道答案時，你會說什麼？」（這是一個「未來導向」的問句，與上一個問句並不一樣。）
- 「這是一個棘手的問題。你不知道，這是當然的。那麼你現在是怎麼想的呢？」（Steve de Shazer 慣用的）
- 「也許我沒有用一個很好的、有用的方式來提出這個問題。你覺得我要怎麼問，才可以把這個問題問得更好、更清楚呢？」
- 「對於和你有類似困擾的人，你會給他什麼建議呢？」
- 「當你能夠開始釐清、弄清楚這個問題的答案時，你第一個會看到的跡象是什麼？」
- 「當你確實想出答案時，會有什麼不同？」
- 「需要先發生什麼事情，你才比較能夠想得出答案？」
- 「（對年幼的兒童）哦，我明白了。這是個秘密。好的。」
- 「也許，你下次會想要研究一下，到底發生了什麼？看看這樣是否能突然發現：你當時是怎麼做到的？」
- 「好的，那麼，＿＿＿＿＿＿（當事人所愛、所重視的人）會怎麼評論這個問題情境呢？」

我們相信，奇蹟問句創造了一種像是催眠的恍惚狀態，因而能出現許多新的可能性。人們對困擾的焦慮會釋放腎上腺素，緊縮大腦血管，因此壓力會使大腦和思維變得更加緩慢和僵硬。談論美好的未來，使人壓力減輕，大腦變得更加活躍，而能產出關於解決方案的新想法。

為了保持對解決之道的關注，中斷或岔開當事人的「問題式談話」是很重要的。雖然一開始這樣做時，有些治療師可能會感到不太舒服，但是透過治療師持續的語言匹配，以及談論當事人想要在治療中實現的目標，都能向當事人表明：治療師一直關注著他們所在乎的議題。

例如：

當事人：談論目標是沒有用的，因為喝酒還是一個問題。我已經喝了好幾
　　　　年了，而且我還……

治療師：你剛剛告訴我，你已經喝酒喝了好幾年，這個問題存在一段時間
　　　　了。我希望能準確地瞭解你的經驗。如果，我能知道你想要達成
　　　　的目標，將能夠幫助我進行理解。

　　在溝通對話中，對方的回應，往往可以概括為「是」、「否」或「可
能」之意。一旦清楚當事人的回答是哪一種，治療師就可以提出下一個
問句；只要是以尊重的態度和語言匹配的方式提出，當事人都會覺得可以
接受。這方式可以節省時間，並能幫助當事人避免停留在某些不必要的痛
苦議題中。禮貌性的打斷，也會有助於加速會談的推進，避免當事人陷於
負面記憶之中。

練習活動 7-3・奇蹟問句的節慶版本（Jacek Lelonkiewicz）

❖ **活動目的：** 將奇蹟問句與現時的節日連結起來。也可以將聖誕節替
　換為華人的農曆新年。

　　此版本為：無論你是不是教友，你都知道聖誕節快到了。在聖誕節的
時候，眾所皆知的是，聖誕老人正駕著馴鹿雪橇在世界各地，給所有善良
的人送禮物。

- 當然，他的袋子裡有一份禮物是給你的。但是如果你有機會在聖誕
　老人忙著把禮物帶給其他人時，溜上雪橇，從他的包袱裡取出一個
　禮物給你自己，此時，你希望自己拿出來的禮物是什麼？
- 你選擇的是什麼樣的禮物呢？
- 當你擁有這個禮物之後，你將可能會如何採取行動？
- 這個禮物將會為你的生活，帶來哪些變化？
- 誰會發現你有這些變化？

- 這個禮物會對你的家庭，帶來什麼不同？

- 你的家人會發現你有哪些改變？

- 還有誰會注意到？

- 當你擁有這個禮物之後，你的家庭還會出現哪些其他變化？

- 感恩自己所得到的東西，總是一件好事。所以，對於獲得的這份禮物，你將會如何對聖誕老人、其他人以及世界，表達感激之情？想一想，寫下你的答案吧！

練習活動 7-4 · 其他發展目標的方式

❖ **活動目的**：練習其他關於「發展目標」的不同問句形式。

「你對本次會談的最大期望（best hope）是什麼？」這個問句在英國和瑞典相當受歡迎，他們認為甚至比奇蹟問句更有效果。因此，問句的選擇，可能需要取決於當地文化、治療師的偏好，以及當事人的反應。

以下介紹的這些問句，有助於目標設定：

- 對於今天這次會談，你最大的期望是什麼？

- 你想成為什麼樣的人？

- 今天，在這裡，當你正在朝你的目標邁進時，你會看到自己在做些什麼？

- 當你實現了這個目標時，其他人會注意到情況有哪些改變？

- 他們對你的反應會如何不同？

- 你認為他們這些不同的反應，對你會有什麼幫助？

- 第一個實現目標的機會，可能會是什麼時候？

- 你怎麼知道，自己什麼時候不再需要來這裡？

- 我會怎麼知道，你不再需要來到這裡了？

危機處理的問句

對於處於危機中的當事人，奇蹟問句並不總是一個安全或合適的選擇。

以下關於危機處理的技術，已被證明在長期或急性的悲傷療癒中，都是有用的；當然，也可以應用於其他適合的情境中。這裡的危機處理技術清單，刻意以精簡扼要的方式來呈現，因為於危機中，一個單一的簡短回答或行動，都可能讓痛苦暫時減輕或消失。

對於最近歷經失落或喪親的當事人，他們會提出的奇蹟願景常是：「我的女朋友會回來」、「我的祖母沒有過世」等失落原由的未發生。這證明了他們仍處於喪親之痛的「麻木」（numbness）階段，尚未接受他們的失落。在他們接受失落之前，還無法發展關於未來的新願景。因此，在這個階段，未來導向的問句可能不太有用，實務工作者比較適合的回應是：「你有沒有機會再和你的女朋友在一起？」或者「如果你的祖母能死而復生該有多好，但我想，這不太可能會發生，對嗎？」然後，可以接著進行危機處理的相關問句。

Breen 和 O'Connor（2011）認為，悲傷療癒所經歷的，並不是一個可識別的、有固定階段的過程。相反地，他們得出的結論是：在悲傷療癒的過程中，每個人所需的時間、所歷經的悲傷過程與階段，並不會一樣。而復發的時候，儘管時間可能會縮短些，但程度上可能與第一次發生時一樣痛苦。Breen 和 O'Connor 也認為，其他人對當事人的支持相當重要，這會很有幫助。對這些當事人最好的支持方式是：傾聽以及詢問有關失落的細節（多問「還有呢？」）。向處於悲傷中的人提出一番解釋並說「振作一點」之類的話，是沒有用的。

練習活動 7-5.關於危機處理的其他想法

❖ **活動目的**：練習焦點解決危機處理的相關問句（John Sharry）。

請學員兩人一組配對練習。一人根據自己與危機中當事人的合作經驗，來扮演該案例，並盡可能回答夥伴提出的問句。之後，兩人交換角色。

- 在今天接下來的這些時間，你會如何繼續幫自己度過？
- 到目前為止，你是如何讓自己繼續前進的？
- 你以前遇到過這樣的情況嗎？
- 還有什麼人、事、物，會對你有幫助？
- 曾經有其他人，跟你分享過一樣或類似的危機經驗嗎？
- 你與□□□（失去的人）在一起，最快樂的時光是什麼？
- 沒有□□□，你可以做同樣的事情嗎？
- 為了讓你對□□□的記憶保持鮮活，你覺得你可以做些什麼？
- □□□現在對你的期望，可能會是什麼？

危機處理的評量（1～10 的量尺）：
- 對於能撐過今天／週末，你有多大的信心？
- 發生什麼，可以增加 1 分的信心？

使用訪談，來評估特定事件本身的影響：
- 這件事情，讓你變得更堅強，還是更脆弱？
- 有哪些事情是以前從沒想過，但現在的你卻一直在思考的？
- 這個事件，有可能會帶來一些益處嗎？
- 如果你在半年後回顧這件事，發現這件事後來有了一個最好的結果，那麼，那時候的你會是在做些什麼事情呢？

CHAPTER **8**

回饋與後續會談的練習活動，
以及會談效果的評估

　　焦點解決短期治療一開始的發展，是運用醫學和家族治療的理念。醫療和家族治療習於在會談結束時，提供建議、診斷、制定治療計畫或處遇方案。一些焦點解決治療師仍希望以類似的方式，作為會談的結束。Steve de Shazer 認為，當事人會希望在每次會談結束時，都能從治療師那裡得到一些資訊，否則，他們會覺得治療師並沒有和他們一起解決問題。

◇ 暫停與休息

　　在家族治療中，治療師通常會在給予回饋之前，先暫停一下；許多焦點解決短期治療的治療師，也喜歡延續這種做法。一個暫停休息的時段，讓實務工作者有機會和督導團隊進行討論。這個設計的原由，是希望幫助治療師從會談的情緒氛圍中暫時退出，進而為家庭提出替代性的建議。同時，這樣的形式常讓治療師稍後對家庭所提出的建議，更能增加其影響力。

　　在某些情況下，治療師不可能離開會談室進行暫停或休息。但在大多數情況中，治療師會說：「你告訴了我許多有意義的事情。我需要花幾分鐘時間看看我的筆記，並且思考一下你剛剛說的內容。」這樣的說法常是有用的。當事人或家庭通常都會很樂意靜靜坐著等待，因為他們認為，這

表示治療師十分認真地對待他們，也代表治療師已意識到，他們的處境是
具有挑戰性的。

回饋

在焦點解決短期治療的早期文獻中，對於會談最後階段的建議
提及，治療師要給予的「回饋」應包含：對當事人問題的理解認可
（acknowledge）、給予讚美以及提議任務。

對當事人的問題或困擾，治療師不管是以十分明確或非常概括的方式
予以理解與認可，都可以避免讓當事人覺得治療師過於樂觀，或太快轉移
到讚美及任務的提出。

關於讚美：如果與家庭工作，需給予在場的每個人至少一個讚美；如
果合適的話，也可以讚美他們之間的互動關係。

讚美的數量因文化而異。教科書和訓練師都告訴我們，在美國，你可
以給予任何數量的讚美；在英國，如果聽到三個以上的稱讚，當事人就會
產生懷疑；在德國，兩個讚美就足夠了；澳洲人只喜歡一個讚美。

關於任務的提議，治療師需基於會談資訊所得，或參考練習活動 8-1
提及的原則。

練習活動 8-1 · 回饋／結束會談的練習

❖活動目的：練習在會談結束時給予回饋。

請學員兩人一組，一人擔任訪談者、一人擔任受訪者；請受訪者提出
一個願意分享的小困難，相互交談一段時間。然後根據兩人的對話內容，
為對方構建一個回饋／結束會談的訊息。或者與之前做過對話的學員兩人
一組，進行這個練習。

關於任務提供，請學員依據對話內容來選擇，給予對方下列其中一種提議：

- 若對方已經有幾個可以實現其目標的好方法或想法了，則提議：「繼續多做你已經在做的事情。」
- 若對方已經試了許多方法，但收效甚微，則提議：「是該去做一些全新的嘗試了，而你本人最瞭解要開始嘗試哪些新做法。」
- 「每天晚上，預測明天你將會移動到量尺的哪個分數上。隔天晚上，請確認你的預測是否正確。」如果當事人認為自己的問題是無法預期的，那麼這個任務將會很有幫助，因為這任務會讓當事人得知，自己是有能力做出某些預測的。
- 「請在每週選一天，『假裝』奇蹟發生了，但是不要告訴任何人你選的是哪一天。」這個任務，對於與親近家人住在一起的當事人非常有用，因為他將會看到其他家人對於「奇蹟」的反應。
- 「請開始思考或討論，在你目前的生活中，你想要『繼續保持不變』的事情；但是，請記得先『不要』嘗試做任何的改變。」這是一種矛盾意向之處遇方法（paradoxical intervention），亦即：如果告訴一個人「不要」去做任何事情時，這個人通常就會去做些新的行動。

如果當事人表現出不確定是否要進行任務的態度，則治療師可將任務重新建構為「僅做一次」或「作為一種實驗」來鼓勵之。

注意當事人是否出現點頭及開放的姿勢，以評估他是否願意參與治療師提議的任務。

最後，確認當事人是否想要預約下次會談。如果當事人希望有下次會談的話，確認他們認為會談應間隔多久。

近來，不少焦點解決治療師認為，應善用當事人於會談中已經提供的資訊，而非治療師的提議。因此，這些治療師在會談結束時，會改採「間

接回饋」（indirect feedback）；例如，詢問當事人他們從會談中獲得了什麼、帶走了什麼，或者大力凸顯當事人在會談過程中提到的某些想法。也有治療師只藉由詢問當事人是否希望安排另一次會談，作為結束。通常當事人能實際判斷自己需要多長時間，來練習或發生改變，也能具體提出需要間隔多久時間，再進行下次的會談。

治療師需要注意的是：如果會談一開始，當事人在量尺上評量的分數低於 3，而且在三次會談之後仍沒有超過 3，那麼更換治療師或治療取向，會是個需要考慮提出的建議。提出「更換治療師或治療取向」這個可能的選項，是治療師在給予當事人回饋時，所可能包含的部分內容。

◈ 會談記錄表

使用專門為焦點解決取向設計的結構化記錄表，對治療師會很有幫助（示例請見下頁）。

另一種記錄表是由瑞典的 Harry Korman 所設計。他將一張紙分成六個欄位，並將當事人提供的相關訊息，放入每個特定欄位之中（如下表）。

焦點解決短期治療記錄表（Harry Korman）	
議題	所欲結果
資源	評量
例外	後續步驟

焦點解決短期治療記錄表

當事人姓名：

會談日期：

治療師姓名：

會談次數：　　　　　　督導者姓名：

* 目標：

* 家庭結構：

* 會談前的改變：

* 例外：

* 評量：

* 奇蹟：

* 回饋（對問題予以理解認可；讚美；或可包含任務提議）：

* 預定下次會談時間（若當事人希望再次前來）：

* 下次會談時的注意事項（當事人離開後，治療師想到之後需要提及的其他
  事項，或需要再詢問當事人的事情）：

後續會談

　　第二次會談開始的後續會談，都遵循類似的問句組合。如果當事人提出一個新的問題或目標，治療師需詢問他們，哪一個是最為重要的治療方向。如果當事人認為新的問題更為重要，那麼可以重複第一次會談的流程與系列問句，來處理這個新問題。

　　對於之前與其他實務工作者（無論是否採用焦點解決取向）會談過的新進當事人，你也可以對其應用後續會談的系列問句，如下所示。

◈ 關鍵代表問句

- 自從上次會談之後，有什麼地方好轉了？
- 還有呢？
- 還有呢？
- （如果發生了正向事件）你是怎麼做到的？
- （如果發生了負面事件）這是怎麼發生的？
- 你是如何因應的？
- 今天你的評量分數為幾分（在 0 到 10 之間）？
- 你的下一步是什麼？
- 若分數上升 1 分時，會發生什麼？（記得邀請當事人實際具體的描述）
- 理解與認可當事人的問題。
- 給予讚美。
- 給予提議任務。
- 詢問下次的預約日期與間隔時間。
- 詢問當事人：現在是否已經能夠更好地因應情況，而不需要再來會談了？（當事人的評量分數若到達 7，即可預備離開治療服務了。這通常會在第三次會談後發生。）

練習活動 **8-2** · 焦點解決對話的練習

❖ **活動目的**：熟悉第二次及後續會談中的對話歷程。

請學員與之前對話過的同組學員，再次一起合作練習。依據並運用兩人之前對話中的訊息，進行一次「後續會談」。同樣地，由一位擔任訪問者，一位擔任受訪者，之後再交換角色並重複這個過程。

練習活動 **8-3** · 以視覺化來輔助「規劃」的進行

（Coert Visser）

❖ **活動目的**：對發展目標和評估進展，提供視覺化的輔助。

請當事人在黑板上畫一個圓圈，然後在圓圈的外面，再畫另一個圓圈（看起來像是箭靶的靶心狀）。在內圈裡寫上「已經做到的事情」，在外圈（即兩個圓圈之間）寫上「未來的計畫」。當然，也可以請當事人自己拿一張白紙，自行畫出內外圈；或者，給當事人一張已經印好內外圈的紙張，來進行此活動。

讓學員兩人一組，就以下問句互相採訪。

1. 你希望可以做得更好之處為何？

請想想你喜歡做的一件事情（如愛好或運動），而且，你希望在這方面能夠做得更好。請說明該活動。（訪談者需注意：若有必要，請給予受訪者一些思考的時間。）

2. 你擅長什麼？

請受訪者說出並記錄於內圈：你擅長的是什麼？你已經完成了什麼成就？哪些事情是進展順利的？（訪談者需注意：持續鼓勵受訪者回答，並繼續詢問「還有呢？」因為，沒有所謂微不足道的事情。）

3. 外圈需要什麼呢？

說出並在外圈記下：你想要學習、精熟，或下一步想要完成的事項。同時，也寫下：你想達到什麼目標？你希望什麼地方變得更好？（訪談者需注意：幫助受訪者使用「正向所欲」的語言方式，來表達外圈的內容，而非僅僅指出要「停止」某事。）

4. 接下來的下一步是什麼？

你想先把哪一項事情，從外圈移到內圈中？請構思一個小步驟，作為開端。

與兒童一起工作時，請孩子在內圈寫出「順利的事情」，在外圈寫下「目前不順利，但想要變好的事情」。孩子往往很喜歡這個練習活動，而父母可以在旁提出一些適合補充進去的事項。於此過程中，提問、尋找例外、給予讚美，都是很有用的介入技術。若孩子在內圈與外圈提及的是同一件事，治療師則可用評量問句，詢問這件事情在過去與未來之間的差異和距離。

練習活動 8-4・與兒童工作的視覺化輔助

❖**活動目的：**在與兒童工作時，提供視覺化的輔助。

當下次與兒童進行對話時，可以用畫圖的方式來記錄他們所說的問題及解決之道。於會談中，孩子可能會一邊解釋，一邊在畫畫了；或者，也可以由治療師來啟動作畫的方式。之後，治療師可以將這些圖畫影印或拍照，並作為紀錄歸檔。

對會談效果進行評估

當會談看似效果不彰時，可以運用下列問句來詢問當事人：

- 對於這次的談話，你覺得如何呢？
- 我們應該繼續談論這個主題，還是你對……更感興趣？
- 這對你來說，是有意義的嗎？這是我們應該花時間去談論的嗎？
- 我想知道你是否希望我多問這方面的問題，還是我們應該改為關注……？
- 如果我能對你更有幫助的話，我們應該談些什麼？
- 有沒有什麼是我之前沒有詢問，而你希望我可以問你的？
- 在 1～10 的量尺中，1 代表這次會談沒有任何幫助，10 代表好得不能再好了，你目前認為這次會談是在幾分的位置？
- 當我做了什麼不同的事情，你的評分便會再增高 1 分？
- 如果你對這次會談的評量多了 1 分時，那時你會做些什麼不同的事情？

◈ 會談評量表（Johnson, Miller & Duncan, 2000）

此「會談評量表」（Session Rating Scale, SRS）是由治療師邀請進行個別治療的當事人，針對每次會談的治療關係、所追求的目標和主題、治療師使用的取向方法，以及整體效果等向度，於一條 10 公分的直線上予以標記，對會談經驗進行評價。網站上有圖片版本，可供兒童以及有學習障礙的當事人使用（版權所有）。

會談評量表（SRS V.3.0）

姓名：＿＿＿＿＿＿＿＿＿＿ 年齡（歲）：＿＿＿

身分證字號／編號：＿＿＿＿ 性別：＿＿＿＿＿

第＿＿次會談 日期：＿＿＿＿＿＿＿＿＿＿

- 請依據你今日的會談經驗，在各項目的直線上，選擇最適合的位置進行標記（×）。
- 若你的經驗越符合左端的描述，請標記在直線上越靠近左端的位置；若越符合右端的描述，請標記在直線上越靠近右端的位置。

會談關係

我覺得沒有被聽見、瞭解和尊重。 |--------------------------| 我感受到被聽見、瞭解和尊重。

會談目標和主題

我們沒有談到我想談的主題，也沒有探討我想要著力之處。 |--------------------------| 我們談到了我想談的主題，也探討了我想要著力之處。

會談方式

這位治療師的會談取向不適合我。 |--------------------------| 這位治療師的會談取向很適合我

會談整體

今日的會談有不足之處。 |--------------------------| 整體而言，今日的會談很適合我。

Institute for the Study of Therapeutic Change, www.talkingcure.com

© 2000, Lynn D. Johnson, Scott D. Miller and Barry L. Duncan

僅供個人使用

◈ 治療結果評量表（Miller & Duncan, 2000）

下頁「治療結果評量表」（Outcome Rating Scale, ORS）這項工具是請當事人以自己的觀點，來評估治療的進展。同樣地，此工具可以讓進行個別治療的治療師，使用於實務工作中。

對當事人說：「請回顧過去一週（包含今日）各方面的生活情況，在這幾條 10 公分直線上標記你目前的現況，幫助我們瞭解你的感受。左端代表狀況不佳，右端代表狀況良好。」評量的向度包括：個人（個人身心健康）、人際關係（家庭、親密關係）、社會與社交（工作、學校、友誼），以及整體生活（整體幸福感）。」網站上有圖片版本，可供兒童以及有學習障礙的當事人使用（版權所有）。

◈ 當進展緩慢時的提議任務

當治療師發現當事人的改變進展一直十分緩慢時，治療師可以在會談結束時提議如下任務，請當事人回去嘗試：

- 每天做一件對你有益的小事。我們再來討論這件小事帶來的不同。
- 請於每天注意，你做了哪些對自己有益處的事情。然後，我們可以談談這些有益的事情。
- 請注意你做出的好選擇，並記錄這些選擇帶來的影響。之後，我們可以討論這些選擇與影響。
- 雖然你目前暫時還無法擊敗這個問題，但是你現在可以做些什麼，阻止它繼續擴大，或者讓它延緩惡化（這樣將能為自己爭取回一些控制權）？記得從小步驟開始。
- 假裝（pretend）你有個想要的未來，然後觀察一下，在假裝之後，有什麼差異發生了，請帶到我們的會談中討論。請特別注意，在你這個想要的未來裡，你會做一些什麼不同的事情，是取代了目

治療結果評量表（ORS）

姓名：＿＿＿＿＿＿＿＿＿　年齡：＿＿＿＿＿　性別：＿＿＿＿＿

第＿＿＿＿次面談　　　　　日期：＿＿＿＿＿＿＿＿＿＿＿＿

填寫本問卷者為：□當事人本人　□其他人

若為其他人，你和當事人的關係是＿＿＿＿＿＿＿＿＿

- 請回顧過去一週（包含今日）各方面的生活情況，並將你的評估標示在下列直線上，幫助我們瞭解你的經驗與感受。
- 請在直線上做標記（×），標記於越左端，表示狀況越不佳；標記於越右端，表示狀況越良好。
- 若你要為當事人填寫此量表，請根據你對他的瞭解來填寫。

狀況不佳　　　　　　　　　　　　　　　　　　　　　狀況良好

個人
（個人身心健康）

|---|

人際關係
（家庭、親密關係）

|---|

社會與社交
（工作、學校、友誼）

|---|

整體生活
（整體幸福感）

|---|

前你正在做的。

- 做一些善待自己的事情，並努力解決問題。請注意你自己會做些什麼，或是觀察做了之後，產生什麼不同的感受。

- 這些問題試圖控制我們，因此你可以透過控制自己的想法，不讓問題稱心如意。請思索一下你可以對自己說的一些話，這些話會足以讓你向問題及其謊言進行對抗、抗爭。我十分有興趣知道，你想出的這些話是什麼。

改變的速度

Peacock（2001）提出以「消費者」（customers）、「抱怨者」（complainants）、「來訪者」（visitors），來描述治療師與當事人在會談開始時可能的三種關係型態。他也建議可以採用「高速」、「中速」和「低速」的詞彙，來形容當事人不同的狀態。「高速」的當事人，是指已經準備好要行動的人。對於「中速」的當事人，則可以邀請他們進行觀察任務，或者請他們提出「需要發生什麼（才能有所改變）」的建議。至於「低速」的當事人，則可建議他們慢慢來，並且給予他們讚美和正向回饋。心理研究機構（MRI）的 Watzlawick、Weakland 及 Fisch（1974）指出，人們在做事的時候都會有自己的速度或節奏；從當事人對於評量問句的回答（如進展的情況），也會觀察到類似現象。若要辨認當事人行動的速度，治療師可以直接詢問當事人是否希望盡速做出行動，或是偏好在行動前先仔細考慮各項決定。這些資訊都會成為治療師的有用訊息，也能幫助治療師思考於會談結束時要如何提議任務，以及安排會談間隔。

就某個角度來說，上述看法相似於 Prochaska 及 DiClemente（1982）所描述的「改變階段」（stages of change）。Prochaska 及 DiClemente 建議，治療師需要依據當事人目前的改變階段，採取不同的處遇方式。Prochaska（1999）對改變階段所需的時間間隔進行研究並詳加描述。具

體而言，對處於「醞釀前期」（pre-contemplation）階段（於六個月內不會做改變）的當事人，可能只有提供資訊是當事人能接受的處遇。若當事人處於「醞釀」（contemplation）階段（約在可能產生改變之前六個月），提供資訊、討論一些處理情況的資源、方法，都可能是適合的主題。在「預備」（preparation）階段（產生改變的前幾週），探討如何引發改變以及使用哪些資源，則變得非常重要。若當事人處於「行動」（action）階段，此時改變過程正在進行中；Prochaska 認為此階段大約需歷經六個月，這個論點大致上也與其他心理治療的研究一致。而若當事人處於「維持」（maintenance）階段中，預防及管理復發是這個階段的重中之重，預計此階段將持續六個月到五年，但也可能持續一生。最後，當處於「終止」（termination）階段時，當事人已經能將來談議題永遠拋諸腦後了。

Yvonne Dolan（1998）也提出，當事人的改變順序會從「受害者」（victim）到「倖存者」（survivor），再到「真實自我」（authentic self）；而後兩者與 Prochaska 的「維持」和「終止」階段相當。

Prochaska 提出的「預備」、「行動」、「維持」和「終止」階段，都與焦點解決工作模式十分契合。然而，重要的是，治療師需辨認當事人是否還處於「醞釀前期」或「醞釀」階段，因為處於這些階段的當事人尚未準備好做出改變；除非治療師仔細關注當事人的目標，以及他們對奇蹟問句的回應，否則很容易變成「強迫解決」的介入。對於尚未預備好能改變的當事人，一種有幫助的做法是請當事人回答評量問句：詢問當事人認為若要到達 10 分或其他高分的位置，所需花費的時間。當然，治療師還可以將當事人對於「發生改變所需時間」的評估，來與 Prochaska 和 DiClemente 描述的「改變各階段之時間長短與順序」進行比較和對照。

◈ 面對「卡住」的案例，可嘗試提出的問句

若當事人一直沒有進展，在督導中可以就下列方向進行討論。治療師

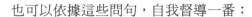

也可以依據這些問句，自我督導一番：

- 為了將來不要再陷入「卡住」的狀態，應該避免做哪些事情？
- 如果要將當事人轉介給另一位實務工作者，治療師會給這位實務工作者什麼建議？
- 如果治療師直接與當事人討論「會談沒有進展」的狀況，會發生什麼？
- 如果當事人一直沒有進展，會發生什麼事情？

　　有時，在會談室裡，來談的夫妻或家庭似乎一直在爭吵，經常一遍又一遍地重複相同的談話，在很大程度上似乎忽略了治療師的存在。此時，以下策略可能會有所幫助：

- 與每個人核實，對方到底說了什麼。
- 「慢速前進」（go slow）。做豐富大量的筆記，然後，堅持「再慢一點」。
- 問他們：「說這些話對你們有幫助嗎？因為，聽到這些，對我並沒有幫助。」
- 提議結束此次會談，並邀請他們再次預約。
- 將家庭拆開，分開輪流談話。當治療師與一個人交談時，另一個人在外面等待。
- 如果你有一個團隊（無論是真實的或想像的），請向他們諮詢。
- 如果嘗試什麼方式都無效，便請他們更換治療師。通常，與其改變治療取向，不如直接換一位治療師來得有效。

◈ 「非奇蹟場景」（Hawkes, Marsh, & Wilgosh）

　　若當事人看起來一直沒有進展時，提出以下這些問句，可能會有些幫助：

- 到目前為止，對你來說，改變足夠了嗎？
- 還需要發生哪些事情，才能讓你朝著你的奇蹟圖像更邁進一點點？
- 我如果再做些什麼，會對你更有幫助一些？
- 現在你都已經嘗試過這些方法了，但你仍覺得自己無法改變丈夫／妻子的行為，那麼，現在的你可以做些什麼，才能讓自己覺得好過一些？
- 當你在等待某些事能夠有所改變的這段時間裡，你可以如何多照顧自己一點點？

焦點解決短期治療的成果研究

無論哪一種心理治療學派，在全世界各地的成功率均為 60% 至 70% 左右。自 1995 年以來，歐洲短期治療協會和其他機構，一直在監測焦點解決短期治療研究的結果。最初由我（Alasdair Macdonald）負責執行，目前則由一組實務工作者負責，並將結果發布於網站（www.ebta.eu）。

現今，已經有許多不同語言所發表的焦點解決短期治療相關研究了。截至 2017 年 10 月，焦點解決短期治療研究的情況，可歸納如下：

每年有超過 2,800 篇焦點解決短期治療研究的出版物，以英文或其他至少 12 種語言出版。目前的研究成果中，包括 10 篇後設分析、7 篇系統性的回顧，以及 325 篇相關的治療成果研究（含 143 篇隨機對照試驗的研究）；這些研究結果都顯示焦點解決短期治療有其成效，其中 92 篇研究結果，甚至顯示焦點解決治療取向優於其他現有的治療取向。在 100 篇比較研究中，有 71 篇支持焦點解決短期治療的效果。上述研究乃得自超過 9,000 宗個案的有效性資料，成功率超過 60%，而平均會談次數為 3 到 6.5 次。

焦點解決模式已獲得美國聯邦政府（www.samhsa.gov）核可為一個具實證效果的治療取向，認可的單位為「美國物質濫用及心理健康

防治局」（Substance Abuse and Mental Health Services Administration, SAMHSA）之國家循證方案和實務工作登記處（National Registry of Evidence-based Programs and Practices, NREPP）。華盛頓州、奧勒岡州（www.oregon.gov/DHS）和德州目前都正在審查焦點解決短期治療的實證效果；明尼蘇達州、密西根州、加州有一些機構組織，已經開始使用焦點解決取向。芬蘭設有焦點解決碩士學位（由英國授予學位），新加坡也核可有相關的認證課程。加拿大有一個實務工作者及治療師的註冊立案機構。瑞典、波蘭、德國和奧地利在其系統執業資格規範裡，也都接受了焦點解決短期治療取向。威爾斯（英國）則將焦點解決模式納入其初級精神衛生計畫中。

有一個新的認證機構：焦點解決訓練機構國際聯盟（International Alliance of Solution-Focused Teaching Institutes, IASTI），此機構在遠東地區、美國和某些歐洲國家註冊立案。印度有一個焦點解決社群，以及一份同儕審查的期刊。在美國，醫療保險僅涵蓋藥物治療，並不支付心理治療，而其兒童工作及私人之成人實務工作中，都已經開始使用焦點解決短期治療了。南韓有一個焦點解決協會、一份期刊和一個認證專案。英國則有一個於 2001 年成立的焦點解決全國性組織。

當然，心理動力及認知行為治療（CBT）在全世界已有強大的既得利益。一位同事便稱自己的焦點解決技術為「隱微的認知行為治療」（CBT by stealth）。瑞典政府為每位當事人提供認知行為治療的服務，但因結果不佳而撤銷了這個措施。義大利也開始使用焦點解決取向。某些西班牙大學提供具有大量焦點解決元素的心理學學位。伊朗發表了多篇的相關論文，其中包括許多支持婦女權利的論文。英國一個名為「短期」（Brief）的機構，機構的同事在巴勒斯坦舉辦培訓，也有一些人到以色列授課。波蘭有兩個國家級的焦點解決組織。環太平洋地區，包括日本、臺灣、大陸等，都有焦點解決組織或團體。

練習活動 8-5 · 在我們的實務工作中，研究成果有多重要？

❖活動目的：評估研究成果在日常工作中的價值。

請學員五、六人為一小組，討論幾分鐘：

- 假設焦點解決短期治療的研究已發現絕對的證據，證明它對你服務的人群是有效用的；那麼，從下週一開始，這項新的研究發現將會為你和你的同事帶來哪些改變？
- 這項新發現將如何影響你工作單位的同事們？
- 若你自己並不使用焦點解決短期治療的方法，那麼這個治療方法之有效性的研究證明，將如何影響你的立場和工作習慣？

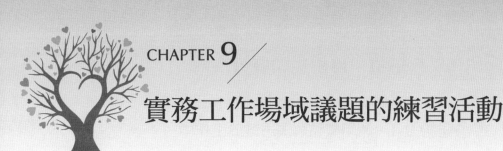

CHAPTER **9**

實務工作場域議題的練習活動

　　人類互動中最簡單的情境是「兩個人之間的對話」；許多心理治療方法都基於這樣的互動模式。「治療師－當事人」的兩人互動模式為許多治療專業所運用，焦點解決短期治療最初也是由 Steve de Shazer 和 Insoo Kim Berg 從這種兩人互動模式中發展而出。在發展的過程中，他們移除了治療室中任何對當事人沒有幫助的部分；而當問句模組減至最少之後，便發現焦點解決模式同樣可以運用於家庭和機構組織中，不僅限於協助個別當事人。

　　來自世界各地的許多事實，已證明了使用焦點解決取向於處理機構組織相關議題的應用價值。焦點解決取向在不同國家或文化中被廣泛運用，並於多元文化中極大化的發揮實用性。能夠有這樣的成果，正是因為焦點解決取向的工作焦點乃以「當事人自身的描述」為核心，不同於早期治療模式中以「治療師及其督導的文化視角」為主軸。

　　焦點解決取向之問句模組與觀點，已經證實對於社會福利組織及商業機構，都具有高度的助益性與應用價值。在管理及商務中應用焦點解決思維，乃具有多樣的不同方式。對商業界而言，焦點解決取向思維是嶄新的；因此，可以將本章的練習活動應用於帶領相關工作坊中，鼓勵學員與同事開始思索如何吸納焦點解決思維。

開始在工作情境中應用焦點解決技術

練習活動 9-1 · 運用焦點解決思維於工作中

❖ 活動目的：評估自己目前的工作情況。

請學員想像這個情境：假想自己的工作環境需要同時與多位不同專業訓練背景的同事一起合作。然後，再以下列問句進行反思：

- 你對工作的看法／感受為何？
- 在目前的工作環境中，你做的事情與其他同事有何不同？
- 為了在這個環境中工作，你做了哪些準備？
- 你的同事展現了哪些技能和資源？
- 評量你對同事工作內容的理解程度，以及對他們表現良好的程度，你會給自己什麼分數？
- 你還需要做些什麼，來發展和維持你與這些同事之間的關係？

◈ 反歧視練習

請學員想想曾經一起工作或合作的人。接著以下列問句進行反思：

- 對於這些人的背景，你可以如何進行「分類」？例如男或女、藍領或白領等二元分類。
- 你認為這些分類的類別，如何影響著他們的經驗？
- 你是怎麼得知的？
- 在工作中，你是如何考量這些分類的？

◈ 與住院病人對話的微型工具（microtool）

在醫院、護理之家或學校的場域裡，往往無法進行時間較長的會談對話。運用下列的問句，或許能快速地提供協助。

- 目前的問題是什麼？
- 以 0～10 來評量問題的嚴重度（0 是最嚴重），分數會是幾分？
- 當你做出什麼樣的第一小步，就能顯示你在量尺的位置正在向前進？
- 有誰會注意到你的變化？
- 在此同時，你還可以使用哪些因應技巧來幫助你自己？

在提出這些問句後，也需要提醒病人：工作人員於職位角色上可能也有重要的工作目標，例如協助人們服用處方藥、避免暴力事件等。

遭遇霸凌

當遭遇霸凌時，要記得尋求身邊朋友的支持與協助。在青少年階段，能學會「什麼才是真正的朋友」是一件重要的事。有時候，我們會發現某些朋友只是在一起吃喝玩樂而已，但真正的朋友則可以與自己並肩作戰。例如，他們可以協助寫下事情發生的經過，或者將過程錄影錄音並簽名作證，來證實霸凌確實發生，同時提供相關的描述。如果霸凌者前來與被霸凌者說話，旁人可以幫忙打岔，並開啟一個中立的話題，持續與被霸凌者對話，好忽略霸凌者的存在。這個幫忙的人不一定需要熟識被霸凌者，只要兩人對話時看起來彼此熟悉即可。身邊擁有體型高大強壯的朋友，也會對霸凌者產生嚇阻的效果。雖然挑釁打架不是一件好事，但若霸凌者感到自己有可能被報復，那麼他們對於捉弄他人也會較為小心收斂。

如果霸凌者是個愛面子的人，被霸凌者可以示意自己會採取公開化的行動，即使不見得真的去做。通常霸凌者收到這個暗示之後，他們的攻擊

性會變得弱些。被霸凌者或其父母可以向學校求援。如果人們知道什麼是對、什麼是錯，即使沒有公開談論，也會形成一種社會輿論壓力。

以下的建議成人、兒童都適用，首先，可以思考是否要讓警方介入。同時，也可以找出之前有無類似的霸凌事件，或者霸凌者之前有無欺凌他人的紀錄；嘗試從其他被霸凌過的人，獲取霸凌事件的陳述或影片。若被霸凌者有霸凌行為的影片、聲音或書面記錄，可讓他人接受被霸凌者所言為真。

當然，事先預備好如何面對霸凌，是很重要的。對於霸凌者不用友好；當他們開啟人際互動時，不要與他們說話或看著他們。同時，向其他可能被這個霸凌者欺負的人示警。記下所有與霸凌者互動的相關過程會很有幫助，包含對話過程、對話內容、任何的身體接觸等。當霸凌者看到被霸凌者在對霸凌過程做記錄或錄影，霸凌者會擔心這些資料將如何被運用；如此一來，便有可能降低或阻止他們的霸凌行為。平日遇到霸凌者時，記得將手機按下錄音或錄影鍵放在口袋或拿在手上；照片或聲音的記錄，都會減低他們扭曲或否認事實的可能。也可以請朋友用手機在旁記錄互動過程，並將這些資料交予校方、主管機關或警政當局等。

◈ 反霸凌的支持團體（Sue Young）

進行此團體的步驟為：

- 單獨與被霸凌之標的兒童進行會談，嘗試瞭解：「你發現，最近有誰讓你覺得很難應付或難以相處？」
- 「當情況很棘手時，還有誰在附近？」
- 「在學校中，有誰是你的朋友？」（或者：「你會想和哪些人做朋友？」）
- 將前述被提及的學童都聚集在一起（除標的兒童之外），詢問這些學童可以如何協助標的兒童。
- 一週後，再與標的兒童一起回顧生活中發生的差異與改變。

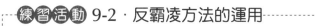

練習活動 9-2．反霸凌方法的運用

　　請學員兩人一組，一人扮演被霸凌兒童的角色，另一人練習詢問上述的反霸凌問句。

　　這個練習，將有助學員日後與被霸凌兒童交談時，顯得更輕鬆和自信。

面對法律程序的當事人

　　有些當事人會涉及法律案件，例如兒童保護法，或是被拘留在醫院、監獄等。許多當事人在涉入法律程序時，會變得十分焦慮。

　　在法院或類似的環境中，人們往往難以發表自己的觀點。如果能幫助他們事先花些時間，考量在法庭或仲裁過程中所要陳述的內容，將會是個很重要的預備。在出席任何聽證會或法庭之前，進行下列方向的思考或討論，會很有幫助。

- 當聽證會（或開庭）結束時，你離開會場並回顧方才的過程，你會希望自己回想起這個過程的什麼情況，才會確認這是一次成功的會面？
- 在這樣的過程中，你能夠接受的「最低限度的改變」（the least change）是什麼？例如，你希望情況「至少」能有哪一點不同？
- 如果這次的裁決結果對你不利，下次你會做些什麼來改善結果？

◈ 修復式正義

　　修復式正義（restorative justice）旨在讓犯罪者能確實認知到自己的犯罪行為是如何對受害者及其家屬造成影響。在監獄系統中進行的修復式正義會談，會邀請受刑人及遭受其攻擊的家庭成員共同參與。已經有些治

療師採用焦點解決取向結合「動機式晤談」（motivational interviews）的方式，來引導整個修復式正義的會談過程。這種模式的效果，已在夏威夷和其他地方進行驗證並獲得肯定（Walker, 2005），也顯示能幫助受刑人減少再犯率。

◈ 家庭暴力

經過幾世紀以來對家庭暴力的默許，現今，家暴的議題已然被大眾正視，同時也已證實，家暴會對所有家庭成員造成直接和間接的嚴重傷害。家暴的管理與處遇，乃和憤怒管理、或如何與違法者合作等有著共同特徵。最為重要的處遇步驟是：關注有無家暴存在的可能性，一旦發現某些可能的徵兆時，就立刻提出相關詢問。如果治療師確信自己對當事人的安全議題有準確的評估，那麼下列的詢問問句便不一定都需要提出。在伴侶工作中，重要的是確保雙方對於繼續會談感到安全。有些機構完全反對有家暴議題的伴侶一起接受治療，但有超過 80% 的伴侶，在暴力事件發生後至少嘗試過一次治療，希望能繼續共同生活。因此，讓會談服務變得更安全，並朝家庭在乎的議題向前邁出一步，是為必要之舉。若治療師能直接詢問家暴可能性，也就表明著治療師願意幫忙處理此議題，同時也使得家暴成為一個能開放討論的話題；這樣的做法將可降低家暴的風險。

對於當事人所提的關鍵字，例如「憂鬱」、「爭吵」或「虐待」等，治療師要確認自己已確實瞭解當事人的意涵，並認真對待他們的話語。治療師需要獲得關於風險評估，以及在進一步行動上最低限度的必要訊息。如有必要，請治療師提出如下所示的封閉式具體問句，一旦得到「否」的回覆，即可停止往下詢問。治療師也有責任瞭解並遵守當地或組織的法律及政策，確保能夠保護任何正面臨立即危險的兒童或成人。

- 爭吵，你是指言語的方式？還是有肢體上的衝突？
- 他打你？只有一次，還是有很多次了？是打耳光還是揍你？是用

手，還是拿什麼東西或武器來打你？

- 他踢你？他跳到你身上，還是跪在你身上？他有掐你的喉嚨嗎？你昏倒了嗎？
- 有其他人目睹這個情況嗎？
- 你受傷了嗎？你受傷的程度如何？有曾經到達需要去看醫生、去醫院或急診的程度嗎？
- 警方曾經介入嗎？法庭上有做出指控了嗎？
- 你有反擊嗎？你對你的伴侶做了什麼？
- 有其他人受傷嗎？孩子呢？是否有兒童保護的工作人員已經涉入處理了？

這些問句，將有助於治療師與當事人一起決定要如何處理這個過程，包含判斷情況的緊急程度、是否需要採取行動，以及是否需要讓警察局或婦女庇護所等機構參與進來。

◇ 對成年人的性虐待

如同家暴的議題一般，在會談中，當事人只要提及過去或現在的性虐待，便表示有必要執行進一步的調查詢問。眾所周知，許多性虐待並沒有被通報，受害者也因為各種不同的原因予以保密；所以，當事人不太可能偶然間或不小心向治療師提到這樣的事情。我們也知道，虐待行為可能代代相傳，因此當過去發生的虐待行為被提出時，可能也表露了目前這一代孩子在家中有著長期被虐待的風險。因此，如果當事人提及虐待，獲取足夠的細節，以便判斷需要進行哪些後續步驟，是十分重要的。切記，治療師需要認真對待這些關於虐待的指控，同時需要從當事人獲得足夠的資訊，方能決定如何做出後續行動的選擇。當事人此次提及的內容，可能是他（她）第一次揭露該虐待行為，治療師千萬不能表現出拒絕或不感興趣的態度；因為，無益的反應將可能導致當事人退縮，而失去能幫助他

（她）的機會。即使這些當事人後來沒有繼續與治療師聯繫，但是治療師的良好態度，將可能會鼓勵他們願意在日後繼續嘗試向他人諮詢此事。

以下問句的設計意圖，旨在避免給予當事人任何暗示，因而能預防會談過程及當事人所言的內容，不在日後被質疑是當事人記憶錯誤，甚或是受到治療師的提示所致。由於事後常會有起訴的情況，所以非常重要的是，在瞭解情況的過程中，治療師千萬不要提示當事人，因為這可能會影響到後續警方的面談。在許多國家中，法庭與律師可以查閱治療師撰寫的會談紀錄；有時候，這會讓對方的律師有機會反咬一口地聲稱，這一切都是因為治療師建議當事人要指控特定人士所致。

當成年當事人提報性虐待時，可詢問的相關問句如下：

- 當時你幾歲？是在你幾歲到幾歲的期間發生的？
- 是誰做的？是家人？親戚？朋友？還是陌生人？不只一個施虐者？這些人是誰？
- 他有拿出什麼東西要你看嗎？有觸碰你嗎？用什麼東西，觸摸你哪裡？
- 你會痛嗎？有什麼東西放到你身體裡面了嗎？是什麼？進入你身體的哪個部位？
- 你告訴過別人了嗎？沒有說，是因為特別考慮什麼原因？你說了之後，得到的反應是什麼？當時有誰知道？現在還有誰也知道了？就你所知，還有其他人也被這樣對待過嗎？
- 當時，你的身體有受傷嗎？有被綁起來？有被要求穿著特殊的衣服嗎？有進行什麼特別的或邪惡的儀式嗎？

在問完每一題時，一定要詢問：「你曾經告訴別人這些事情嗎？」、「對於剛才所說的內容，還想要多補充一些嗎？」

在被詢問這些問句時，大多數當事人會感到自己被認真對待，而會覺得寬慰和安心。其實，當事人是寧願被詢問這類很實際的問題的，尤其這

個詢問過程也會讓當事人感覺到：治療師已經表現出能夠處理這個議題的專業能力了。

即使在沒有可明顯辨識的觸發因素下，有些當事人仍一直經驗到真實的創傷後壓力反應的現象（如反覆出現感覺歷歷在目的一些畫面）。這些當事人或許能受益於「眼動減敏與歷程更新治療」（EMDR；請見第十一章）。

親密家人施予的性虐待或者相關威脅與承諾，可能會破壞或扭曲當事人日後生活中的人際關係。有時，施虐者對孩子說：「這表示你在家庭中很特別」或「這真的是一種代表我愛你的表現方式」等語言，將可能使受害的孩子產生複雜的感受，因為在孩子的預期中，親密的家人是誠實以待及真正關心他們的。同樣地，諸如：「如果你讓媽媽知道這件事，我就會殺死你媽媽」或「如果你告訴任何人，你就會被帶走」這類威脅，在施虐者離開後很長一段時間內，仍然可能繼續對當事人產生影響。對兒童及他們所珍視的人們、寵物之強烈威脅並不罕見，也隨之對當事人產生更巨大的影響。相較之下，陌生人的性侵犯無論多麼可怕，往往是單次事件，可能不像前述情況的方式，如此損傷當事人的人際關係能力。

家庭中性虐待的另一類情況是：任何透露這件事的人，常被其他家庭成員排斥或當作替罪羔羊，因為他們擔心這會分裂家庭及破壞家庭關係。常有的言論如：「他也這樣對我，但是我從來沒有告訴任何人啊；你為什麼要這麼大驚小怪？」、「如果你保持安靜的話，他很快就會轉向你妹妹，就不會再找你了啊！」所以，這些情況也需要在治療會談中加以處理。

◈ 性虐待和兒童保護

當兒童或青少年於會談中揭露了過去或現在的性虐待時，治療師需要十分小心謹慎，避免下列風險：誤解了兒童的陳述，或因為不當的引導提問，而意外地將某些想法植入當事人腦中。當然，在會談中，治療師通常

能夠獲得最低限度的必要訊息。如果出現了必須深入調查的清楚信號，那麼可以讓專業機構介入，參與進一步的處理。比起成年人報告的性虐待經歷，兒童（及可能涉入其中的其他兒童）所面臨的風險，常更具立即性。

如果孩子揭露／聲稱某事時：

- 多使用開放式問句：告訴我更多關於……；請說明……；請描述……；是誰……？
- 別轉移話題或詢問無關的問題。
- 記錄所提及的相關時間／日期／採取的行動。
- 與兒童服務工作小組進行討論。
- 請注意，施虐者可能會穿著夢幻般的服裝，或給孩子服用藥物，而讓孩子們說出來的內容聽起來很虛幻，以至於在聽孩子訴說這些時，一時很難相信。

◇ 兒童保護工作的「安全標誌」（Turnell & Edwards）

「安全標誌」取向（"Signs of Safety" approach）是一種評估和管理兒童保護議題的方式。Andrew Turnell 是一名家族治療師，而 Steve Edwards 是一名社會工作師，他們在西澳洲與獨自生活的原住民社區合作時，發展出「安全標誌」取向。由於歷史因素，從澳洲原住民家庭中將兒童帶離家庭，是不被當地人接受的做法；因此，有必要制定出一種合作的方式，既可以辨識風險，又能為兒童和家庭發展出良好的解決方案。由於資源的問題，從第一次接觸他們時，就必須開始推進與發展解決方法。

「安全標誌」取向的第一個步驟是：同時列出增加風險的因素，以及增加安全性的因素；再設計一個 0～10 的量尺，進行綜合性的安全評量。

接著，再進一步使用 0～10 的量尺評估：相較於其他個案，相關機構認為此案件的嚴重程度為何。

最後，為該機構、這個家庭和後續的小步驟，確定出一些具體目標。

設定這些目標的原則之一是：必須能顯示出是否有立即的進展。

數個國家已發現「安全標誌」取向的有效性。英國某些社會服務部門也採納了這個方法，作為國內兒童保護策略的基礎。

關於職場教練及其他任務的練習活動

┈┈**練習活動** 9-3 · 微工具：兩分鐘教練（Michael Hjerth）┈┈

要產生一場具有建設性的教練會談，所需的問句數量，其實少得令人驚訝。請學員兩人一組練習訪談，一人擔任教練，另一人為求詢者。談話的主題可以是當前真實的或想像中需要指導的議題，例如目前工作中遇到的困難。擔任教練者需多次提出以下問句，邀請求詢者回答：

• 你會如何得知這個會談有幫助到你？
• 在本次會談結束後，你會更加善用自己的哪些特質與優勢？

請擔任教練者務必採用「語言匹配」的方式，讓求詢者不覺得教練是機械式的重複發問。

例如：

求詢者：我在目前的工作中，遇到一個困擾。

教　練：告訴我這個「工作中的困擾」……。

又如：

求詢者：我連續三天上班遲到了……

教　練：那麼，之後你如何可以得知，這次的會談真的能幫助你不再「遲到」了？

求詢者：我會變得比較準時啊。

教　練：那麼，你將會善用你自己的哪些特質，來幫助你「準時」呢？

請同組學員嘗試上述兩個問句幾分鐘，之後交換角色再次進行。

◈ OSKAR 教練模型（Mark McKergow & Paul Jackson）

相較於整套的焦點解決短期治療模式，OSKAR 教練模型更為簡短快速。所以，當教練或工作場所中有突發危機，不適合或不方便運用整套焦點解決模式時，便可使用 OSKAR 教練模型。其步驟重點為：

- 想要的成果（**O**utcome wanted）：希望接下來發生什麼？（相似於目標設定。）
- 評量（**S**cale）。
- 實際經驗（**K**now-how）：採取過的行動。
- 肯定及行動（**A**ffirm & Action）：如讚美、後續步驟。
- 回顧（**R**eview）：對這次的討論及整體計畫，再做一次回顧。

◈ 「PLUS」微計畫（Michael Hjerth）

若在短時間內需要辦理會議或活動，PLUS 是一種幫助記憶的有效工具。

P：基礎平臺（Platform）

啟動這個會議的原因是什麼？

會議目的是什麼？

你的角色是什麼？

L：展望可能的未來（Look at the possible future）

你希望能看到什麼樣的結果？

你至少需要看到什麼事情發生？

U：善用成功和現有資訊（Utilise success and existing information）

為了促使這次會議能成功進行，你或其他人事前已經做了什麼預備？

S：步驟和評量（Steps and Scales）

你現在可以做些什麼？

需要先發生、先做的是什麼？

◆ 生涯諮商初談（Anton Stellamans）

生涯諮商初談（intake career counseling）可以結合 PLUS 來進行。其流程如下：

1.「我需要生涯諮商」

P：基礎平臺

是什麼讓你來這裡做生涯諮商？

L：展望可能的未來

如果這個生涯諮商過程對你非常有幫助的話，你會有什麼不同？

還有呢？

U：善用成功和現有資訊

你過去做過什麼事情，幫助你發展了自己的事業？

還有什麼其他有幫助、有用的方法？

S：步驟和評量

今天我們可以一起做的、對你有幫助的第一件事是什麼？

2.「我希望知道：什麼是我想要的」

P：所以，你想找到你想要的是什麼。

L：想像一下，如果你真的知道你想要的是什麼時，你會有什麼不同？

U：在過去或其他情境脈絡下，有什麼事情曾經幫助過你找到你想要的？

U：誰曾經幫助過你？那個人是怎麼幫助你找到你想要的？

U：還有什麼是有幫助的？

S：如果我們在這裡可以幫助你邁出一步，並朝向「找到你想要的」這個方向前進，那麼我們可以做的第一步是什麼？

S：為了要幫助你去發現你想要的，你可以採取的第一步是什麼？

3. 「我夢寐以求的工作」

P：我想要一份新工作！

L：假如你找到了自己夢寐以求的新工作，你如何得知這份工作是適合你的？

U：關於工作或職業，有哪些性質、要素對你是很重要的？

U：假如一個奇蹟發生了，你努力找到了一個夢寐以求的新工作，那麼這個夢想中的工作看起來是什麼樣子？還有呢？

U：你喜歡什麼？你喜歡做什麼？還有呢？

S：為了幫助你釐清這夢寐以求工作的樣貌，你需要做的第一步行動是什麼？

S：還是，你會想要改變現在的工作，讓它看起來更像是你夢寐以求的工作？

練習活動 9-4 · 微觀評估（Michael Hjerth）

❖活動目的：評估會談／會面的成功。

1. 善用成功（搜索）〔utilise success（searching）〕

• 你做過最棒的事情是什麼呢？

- 別人會說你做過的、最棒的事是什麼？
- 你是怎麼做到的？
- 你從中學到了什麼？

2. 評估成功（1—10）（evaluate success）

- 你何以會打這個分數呢？
- 基於目前這個成功的結果，你接下來還會繼續多做哪些事情？
- 或者，你會因為這個成果，改做什麼不同的事情？

由於是使用數字來評分，因此在一段時間之後，可以對照不同時期提出的分數及成果，並嘗試發現：什麼是有效用的。

◇ 在困難情境中尋找資源（Paul Jackson & Janine Waldman）

我們希望，在與當事人的對話中，能引導他們發掘自己的資源。然而，在當事人處於困難情境的時候，我們可能會發現，從教練、顧問及治療師自身的歷練與經驗提出一些想法或意見，或許能有所貢獻。

當想要提出這些想法或意見時，請務必確保這些訊息的呈現型態，是來自於治療師給予的一份禮物，而不是治療師的直接指示或予以要求。介紹這些訊息的方式之一是：講一個故事（見下方說明）。因為人類總是透過故事分享，將經驗和智慧傳遞給他人，而且很多故事早在人們能夠寫作之前，就已經存在了。

一種呈現訊息的做法是，治療師依據自己在相似情況下曾有的經驗，告訴當事人「我的故事」。這有助於建立治療師話語的可信度，並展現著治療師是一直都在努力瞭解當事人的情況。但是，一定要確保談話過程並不都在講治療師自己的故事！

另一種選擇是將故事以第三方的立場進行講述：「他或她的故事」。例如：「我的一個朋友曾有和你類似的遭遇。他仔細研究了這個問題，找

到讓文書事務更易於管理的方式來解決這個問題，所以後來並沒有換工作。」這種故事訴說架構的優點在於：治療師或教練顯示自己與故事並無特別的關聯性，而讓當事人擁有更自由為自己做出選擇的空間。

如果治療師或顧問正是相關領域的專家，則可以選擇敘說一個「專家的故事」，分享過去曾使用過或見識過的解決方案。這可以提高治療師或顧問的可信度，但是千萬要小心不把想法強加給當事人，也需注意自己不會成為必須完成所有工作並為成敗負責的那個人！

提供歷史或文獻中的「隱喻或傳說」來連結類似的情況或可能的選擇，也是一種做法。這種做法的好處是，當事人可以從這些故事述說裡獲取一些點子，開啟了創造性思維而產生新穎的想法，但卻不會感覺到這些想法是由說故事的人所提出的。

上述所有技術，都可以請學員兩人一組進行練習；學員可選擇適合自己的情況，嘗試其中一種說故事的方式。接著，再以小組方式進行演練與討論：五、六人一組，請一位學員提供一個簡短的案例，之後請小組中的每位學員，使用上述方法之一，來回應這個案例中的當事人。

◈ WOWW 教室訓練工具

這是由 Insoo Kim Berg 和 Lee Shilts 為佛羅里達州一所小學設計的活動（Shilts, 2008）。WOWW 意指在有效之處工作（Work On What Works），進行步驟如下：

1. 首先，請一位教練進入班級，坐在角落觀察，並記錄班級中的正向事件與正面互動。
2. 觀察一至二小時之後，教練針對大家做得很好的事情，向班級同學、老師給予正向回饋。在回饋時，會提到一些孩子的名字，並盡可能提供所觀察到的良好行為的細節。
3. 第二週重複一遍。
4. 第三週或之後，教練會透過評量問句，幫助孩子們為「良好教室」

（a good classroom）進行目標設定。

5. 教師和班級同學針對每個被提出討論的主題（目標），預測可能的評量結果，然後在一週結束（週五）時確認進展的情況。

一旦在班級裡能夠建立這種反思回顧行為的穩固模式，通常就不再需要教練在場了。

練習活動 9-5 · 為工作中的困難對話做預備
（Janet Keddie；修改自 Michael Hjerth）

❖ **活動目的：**為有難度的對話做準備。

當在工作中，知道自己即將要面對一個具挑戰性的談話時，可以先自行詢問下列問句：

- 你對這次對話最大的期望是什麼？
- 你們雙方想要的是什麼？
- 你對這個人有什麼看法與評價？
- 過去在類似的情況下，你曾使用過什麼方法是有效用的？
- 當事情進展順利，第一個跡象會是什麼？
- 還有哪些其他可能有用的資源？
- 此時此刻，你可以做的是什麼？在對話過程中，你可以做的又是什麼？

請課程中的學員想想工作中會遇到的這類有難度的對話，並寫下前述各問句的答案。接著，請學員組成小組（例如五到六人一組），分享所想到的答案或反應。

練習活動 9-6 · 抱怨、不滿、悲歎（來自 Rayya Ghul 的想法）

❖ **活動目的：**作為一名職場主管，學會如何將下屬的抱怨，轉化成為其資源優勢。

請學員邀請另一位不同專業訓練背景的夥伴組成一組，並決定哪一位扮演主管、哪一位扮演下屬。接著，扮演下屬者在接下來的五分鐘，要非常詳細地抱怨工作中的某個問題；擔任主管者則靜靜傾聽、不予回答（但點頭這類動作，是可以出現的）。五分鐘到了之後，主管表示要短暫休息一下，以便再根據剛才所聽到的、得知的內容，對下屬明確表達出一組讚美。這些讚美必須是真誠的、與剛才下屬的抱怨內容有相關的，例如：「你真有意志力與耐力」。最後，交換角色，重複前述過程。

於職場團體活動中，改變思維焦點的方法

某些工作場域對於當事人或各種情況，已習慣採用「問題焦點」的方式來進行對話。當新的「焦點解決」觀點能被接受時，這樣的習慣將會有所轉變。下列這些練習活動，能在不直接面質原有習慣與議題之下，幫助職場中的人們轉變思維重點。

◈ **會議：「問題」還是「解決」？（Herman de Hoogh）**[*]

下表提醒參與者，可以在會議或個案研討中，藉由提出不同方向的問句，轉移對話的焦點。

---

[*] 這個方法是根據 Herman de Hoogh 於 2000 年提出的「評估會議模式」（Model Assessment Meeting）而來（引自 Macdonald, 2011）。Herman de Hoogh 的電子信箱為：psylaw@tip.nl。

以「問題」為焦點	以「解決」為焦點
1. 抱怨	1. 個人／團隊／客戶的目標
2. 對問題的假設	2. 個人／團隊／客戶的資源以及正向特質
3. 關於問題或困擾的過去歷史	3. 個人／團隊／客戶的先前成就或過去成功
4. 對過去歷史的提問問句	4. 個人／團隊／客戶所提出及曾使用的辦法
5. 預測，而不是行動	5. 個人／團隊／客戶計畫的第一步
6. 基於「以問題為焦點」思維的建議	6. 基於「以解決為焦點」思維的建議

當觀察員／參與者希望修正會議的運作方向時，可選擇的行動步驟如下：

1. 傾聽會議進行的內容數分鐘，評估會議的談話方向，屬於上表左右欄目的哪一種。
2. 如果出現「以問題為焦點」的評論與問句，請以右欄的方向給予評論或者提出問句。

練習活動 9-7 · 改變會議走向，無須費力解說

❖ **活動目的：** 演示如何將會議的走向從「以問題為焦點」轉移到「以解決為焦點」，而無須就細節上的變化進行辯論。

- 比較有幫助的方式是，在向團隊展示這種技術時，先請他們演示職場中典型的會議樣貌。同時，邀請一些人作為觀察者，協助計算「以問題為焦點」的評論，出現了多少次。
- 幾分鐘後，請團隊轉為「以解決為焦點」的方向進行對話，並以相

同的方式計算「以解決為焦點」的評論次數。這樣的進行方式可以向大家展示：回到「以問題為焦點」的談話是多麼容易，即使參與者已經表示他們對「以解決為焦點」對話有所偏好。

練習活動 9-8 · 「而且」或「但是」？

❖ 活動目的：改變職場會議的對話焦點。

另一種可行的方法是：請學員如平時在職場一般，於小組中討論某個主題。之後，下達一個新規則：學員需用「而且／和」（and）這個詞，在此同時，不能使用「但是」（but）這個詞。

持續對話一陣子後，大家將會注意到對話的變化，也會發現，他們在對話中所產生創意想法的數量是大為提升的。

練習活動 9-9 · 評估職場中團體／小組的功能
（Michael Hjerth）

❖ 活動目的：瞭解如何應用焦點解決概念，來帶領與經營團體。

請課程學員三到四人一組，進行小組討論。討論的大方向，乃依據大家曾經作為團體領導者或小組成員的經歷，嘗試將每個人的經驗，彙整為帶領團體的原則或非正式的規則。之後，請每組向課程大團體展示討論的成果。

課程帶領者可以用下列問句，來指導討論歷程的進行：

• 團體領導者做了什麼，幫助了團體的推進？
• 團體領導者做了什麼，讓團體學員感覺安全？
• 若有兩位以上的團體領導者，那麼你看到了什麼樣的訊號，顯示著他們合作良好？
• 團體領導者做了哪些激發團體的行動，使得成員保持專注投入？

- 什麼樣的團體規則，對你似乎是有幫助的？

◇ 迅速覓得合作之道

關於職場工作的研究表明：工作中 80% 的成效，取決於 20% 所做的事情；因此，所謂「完美」的組織，並非是必要的。任何組織都會達成任務，一直到這 20% 的效率不再存在時。這個研究結果，乃以軍隊在防禦性作戰中的表現為立論基礎。這個成效百分比的觀點，得到許多針對瀕臨倒閉之醫院和企業的不記名調查所支持。換言之，在一個團隊或組織的功能已嚴重惡化之前，很難發現它們是無效能的；若是到了那時，就會發現整個系統早已運作不良多時了。這說明了眾多管理者的共同經驗：當一項嚴重的議題一旦開始受到調查時，將會發現更多問題和錯誤已然存在許久；若想恢復有效功能並重建健全的運作，往往需要非常艱鉅且大量的努力。

所謂良好的管理即是：應防止機構組織的情況進入如此惡劣的狀態。這表示，管理層級的人員常需要處理許多看似微小的問題，以免這些問題的嚴重性於日後擴大而惡化。這樣的良好管理，多數時候是無形的。早期或前一階段的合宜處理，將能避免或管制後續某些問題的發生。所以，優秀的管理者不會問「為什麼」，也不會去看問題的歷史，他們所專注的是：現在，要做什麼！

許多管理者常發現，各種職位的員工都會在沒有邀約的情況下來到他們的辦公室，主動談論著各樣的問題和焦慮。而管理者需要以尊重且恰當的方式對這些分享做出回應，並從中鼓勵員工自力處理，而非持續依靠管理層級來解決這些問題。如果管理階層的主管能做出立即有效的回應，那麼該議題便不太可能會持續擴大或造成其他參與者一起抱怨。

當員工來到管理者的辦公室門口時，員工常是處於擔憂或憤怒的狀態；建議管理者立即擱置當前的工作，將注意力全部放在他們身上。如果還不知道他們是誰，那就盡快確認。最好先不要邀請他們坐下來，除非他

們十分痛苦；因為如果他們是站著的，他們會更傾向於採取行動。管理者最好繼續保持坐姿，因為如果對於抱怨者的到來立刻起身，將會迅速增加他們的焦慮感。如果管理者保持坐姿、迎向他們的站立，也會向抱怨者傳達：管理者希望能盡快回到手邊原先的工作。

◈ 關鍵問句

管理者可以接著開始詢問以下的關鍵代表問句：

- 問題是什麼？
- 要求具體的行為描述。
- 發生了什麼？
- 誰做了什麼？
- 這件事是什麼時候發生的？
- 我們是否能確定，這樣的情況還繼續在發生？
- 我們是如何知道的？
- 我們必須改變誰的思維或立場，來解決這個問題？

在這個階段，若管理者簡要的記錄一些重點，則可證明自己正在全力關注問題，而這些記錄之後也可協助自己重複檢測。重要的是，管理者記得要針對被認定為問題的該事件，蒐集與發掘足夠的相關資訊。通常，在管理者獲得上述問句的所有答案的時候，面前的同事已經變得平靜，並可以開始對該特定情況做出相對反應。此時，管理者便可繼而提出下一組問句：

- 什麼樣的第一小步可以告訴我們，這些情況正朝著合宜的方向進展？
- 現在可以做些什麼事情？
- 誰可以做？
- 這個解決方案的下一步是什麼？

管理者最好不要主動提供自己的想法或意見，除非在非常必要的時候，或徵求了提案員工的意見之後。如果管理人員希望員工能學會自信地解決問題，不再依賴管理層，這樣的做法，將會對他們的發展有所幫助，對機構而言也會更有效率，未來甚至還可減少花費管理層人員的時間與精力呢。

最後，管理者提出下列問句提供思考，確保該問題能順利解決：

- 我們什麼時候可以再次複查、回顧一下這件事情？
- 如果要進行複查、回顧，我們怎麼進行會比較適合？

在對話中，管理者記得使用「我們」一詞，這會讓對方覺得管理者對這場談話是負起責任的。如果該問題沒有得到解決或改善，則可建議提案者回饋給更合適的工作人員。雖然這個更合適的工作人員可能隸屬於機構的其他部門，但仍應成為管理者與提案者的有用資源，尤其在需要的時候。

管理者可以將對話結果，簡短記錄並添加在一開始的筆記中，以備日後可能需要將這段對話的內容轉達出去。之後可以將記錄與事件所涉及的具體部門情況一起提交。如果是由高級經理或團隊負責人提出問題，那麼可以將記錄保存在他們的個人檔案中，以供未來相關評鑑時加以參考；當這種意外的來訪頻率突然增加時，更需要如此做。

設置一個複查回顧的步驟是很重要的，因為管理層級常希望在進行處理後，確保所提到的問題能夠真正獲得解決。管理者需要盡快得知自己是否做了錯誤的判斷，或選擇了不當的處理措施；因為讓未解決的問題存在發酵的空間和時間，將會讓它變得更複雜難為，並非是明智之舉。

一般來說，這樣的對話大概會持續五分鐘。一週之後，管理者可能就會發現這個問題幾乎不再被注意，或已被人遺忘。當然還會有其他新問題繼續出現，因為這就是管理世界的本質。

練習活動 9-10．練習快速獲得合作之道

　　演示前述技術的一個好方法是：請學員兩人一組（或是數人一小組，並請幾位學員擔任觀察員）。兩位學員模擬工作場所中類似前述的情境，並應用上述各個問句。之後觀察者和參與者可以一同評論：這樣的方式和原來習以為常的方法，有什麼不同與差別。

發展共識未來的預測性對話

　　當存在著糾紛或爭議的兩組人（如家庭成員與組織員工，或者同一企業中的兩群人）有必要聽取對方不同的想法時，便可運用「發展共識未來（agreed future）的預測性對話」這個活動。

　　邀請這兩組人坐在同一個房間的兩張桌子旁邊；之後，每個人輪流被引導者詢問下列關鍵問句。在時間允許之下，請回答者盡量詳細回覆每個提問，也請在場每個人都能專心傾聽。如果主題是關於家庭和醫療保健的問題時，最好從員工組開始，之後再換到家庭組。在商業情境中，最好先從自認為不那麼被歡迎，或者被歧視的組別開始。

◇ 關鍵問句

　　引導者詢問的關鍵代表問句如下：

- 請描述：當一切情況變得更為順利／好轉時，未來的一年會是什麼樣子？
- 為了使一切情況變得更為順利／好轉，已經完成了哪些事情？
- 情況可以達到這樣的水準，有誰給予了幫助？
- 他們做了什麼？
- 一年前的你，有著什麼樣的擔心？
- 是什麼減輕了你的擔憂？

過程中，引導者需要就受訪者對每個問句的回答，進行扼要的重述
（recapitulates）。同時，引導者或某位夥伴可以記錄下這些美好未來的
細節，以及為了實現它所提出的任何建議。

接著，重複對另一組進行相同的提問及回覆的歷程。如果有第二位引
導者，可以由他負責第二輪的過程。

同樣地，引導者亦需扼要重述每個問句的答案，並且請人協助記錄下
這些美好未來的細節，以及為了實現它而提出的建議。

隨後，請在場的兩組人一起擬議出一個暫定計畫，並進行大致的討
論。這將有助於修復兩組人之間的整體關係與共同利益。到此時，雙方將
意識到對方的論點，以及各立場者尋求解決方案的誠意與承諾。如果無法
在一次會議中解決所有問題，則可將方才記下兩組回答的筆記內容，作為
日後提醒的工具。

整個會議過程的時間長度，取決於涉及的議題。通常心理健康和家庭
問題，會需要一到兩小時左右，而企業組織中公認的衝突議題，可能會需
要一整天或更長時間。若在可用時間內有太多員工涉入這個方案或議題，
而無法遵循上述過程時，則可使用以下介紹的簡版。下列簡版有利於變革
管理（change management），但當衝突存在著公開的分歧時，效果則會
差一些。

簡版的方式是：請每位因為企業管理變革而受到影響的人，都圍坐在
桌子旁。引導者輪流詢問每個人下列問句：

- 如果你什麼都不做，會有什麼結果？（先讓他們認識到改變的必要
  性。）
- 你能夠做些什麼事情來提供幫助？
- 如果你這樣做之後，會發生什麼？

然後，決定一個最低限度的計畫，亦即，誰與誰接下來至少應做些什
麼的方案。

另一個略作修改的方式是，讓兩組各派一人，分別詳細記下會議討論到的相關議題。將兩組人的會議紀錄相對照後，便很容易看到雙方在哪些方面的意見已有一致性；如此，只需要就雙方分歧處再進一步討論即可。隨後，也可以向其他人展示所有的會議紀錄，證明會議已涉及了所有必要的重點事項。

在教導這種技術時，請學員以一個真實或想像的情境來做練習。練習結束後，請所有在場的人進行討論並辨認：此處展示的方法與他們平日使用的方法之間，有何不同與差異。

練習活動 9-11 · 協助組織的變革（Hannes-Commericeel）

當機構因某種因素而有組織拓展、組織再造的轉變時（例如在其他地方設立新的分支機構，或將員工團隊轉調到其他部門），這項練習活動中的對話將會非常有用。這個活動可以作為個人的反思，也能於機構會議中兩人或數人一組的討論時所用。

這個對話，用於一個成功的團隊將被拆開到不同部門工作之際。需要離開的同事，就像是朋友要去別處一樣。很多人都有遠離家鄉和長途旅行的經歷，他們可以利用這種經驗，來為這類工作變化做好心理準備。這項練習即是將日常生活中的愉快體驗（如長途旅行），來與面臨分離的工作團隊之經驗相類比。

當所愛的人要去旅行時，人們會向他們說再見：

• 想一想，在人們要開始他們的旅程時，祝福他們的方法有哪些？你最近一次這樣做，是在什麼時候？

• 什麼時候有人說過，你在給予別人祝福時，是做得很好的？

• 在這個名為「『合作』的旅程」即將開展之時，你希望你的同事對你說些什麼？

- 如果你要為他們的旅程準備一套秘密的告別旅行包，你會在旅行包裡放些什麼？
- 假設你的同事離開了，你最想念他們的地方會是什麼？
- 你希望他們帶回來的收穫會是什麼？
- 你想要如何祝福他們？

當所愛的人從海上長途旅行返家之後，人們在歡迎他們時：

- 你最近一次受到熱情的歡迎接待，是在什麼時候？有什麼不錯的事情發生嗎？
- 當你經驗到這份熱情的歡迎時，對你產生了什麼不同的影響？
- 其他人什麼時候曾經說過，你歡迎人們的方式是令他難以忘懷的？你做了什麼讓人如此難以忘懷？
- 你那時展現的歡迎方式產生了什麼不同？
- 當他們返回岸上時，你最為感激之處是什麼？
- 你會希望如何歡迎他們？你希望他們如何注意到自己是受歡迎的？
- 你會如何邀請他們描述旅程中的新體驗？

◇ 建設性評論（Peter Rohrig）

建設性評論（constructive criticism）不常被視為焦點解決技術。但是在企業和教育中，有許多需要給予回饋的情況。為了提高個人或業務的表現，有時必須在回饋中要求行為的改變。

進行建設性評論，首先，需想到已經做得不錯之處。許多人對於批評與面質他人的過程感到焦慮，即使這是工作本身要求履行的部分職責。儘管焦慮，大多數的人仍能發展出一些可用於這種情境的技能。

一個好的開始方式是，先想想這個評量：在 0～10 的量尺上，對於「你是否擅長以某種方式評論他人，使他在不感到受傷或侮辱下，接受了你的評論」這個向度，自己是在幾分的位置？換句話說，這些批評會帶來

自己原本期望的結果嗎？接著，可以請在場參與的經理或經營者，討論他們認為自己提出建設性評論的能力；這部分可以兩人一組配對，或在大群體中進行。即使是簡短的對話，也常會揭示一個人擁有的各種技能。

在此，有個值得學習的重點是：如果同事們能獲得適當的讚揚，那麼當管理者必須給予批評或評論時，將會更容易進行些；所以，每個評論都需要包含五個讚美。這些評論的技能，可以透過練習而學會、精進，如此將有助於日後更有效地引導同事。在培訓高級管理人員時，可以將評論／回饋作為一種對話形式；因為在給予評論／回饋的過程中，可以告訴他人「你是如何看待他們」，同時也能幫助自己得知「他人如何看待你」。

以焦點解決觀點來說，主管應避免承擔過多責任，例如，並非都由主管提供解決方案，來幫助下屬未來能達成更多任務。相反地，是下屬本人必須自己負責形成解決方案，來讓主管與自己都感到滿意。

◈ 關鍵問句

建設性評論的關鍵代表問句如下：

於事前思考：

- 你（身為管理者）希望從這個過程中得到什麼？
- 當你離開房間、再次回顧這次會面時，你希望能看到什麼樣的順利成功之處？

在面談過程中，以下列方式表達：

- 我不滿足於＿＿＿＿＿＿（特定的當前行為）。
- 我想要你……／我希望你……（具體的改變）。
- 我相信你能找到辦法做到這一點。
- 很有可能，你已經考慮過如何改變這個情況了。對於解決方案，你有什麼想法或提議？
- 向我說明一下，這個方案將會如何發揮作用／幫助？

下一步：

如果你對這位同事的表現仍不滿意，請在兩、三天內安排進一步的面談，以便擁有足夠的時間再次制定新的解決方案。

練習活動 9-12 · 建設性評論

請一位學員自願分享他在目前或過去工作中的某些經驗。之後，再請另一位學員使用上述問句來訪問他。接著請所有學員分享對這個方法的回饋，並請學員對照這個方法與他們經常使用的技術，或過去的相關面談經驗，於相較之下有何差別。

練習活動 9-13 · 焦點解決調解（Fredrike Bannink）

❖ 活動目的：與處在衝突中的伴侶工作時，可以使用這種微型工具。

請課程學員依據真實的案例或電視劇中的某些情節，進行兩人一組的配對練習。

P：基礎平臺

你希望從調解（mediation）中獲得什麼？

L：展望可能的未來

將會有什麼不同或改變？

有哪些事情已經顯示你正在朝正確的方向發展著？

S：在進展的量尺上進步一分

下一個步驟／下一個進展的訊號是什麼？

你本人可以做些什麼？

你想從其他人那裡得到些什麼資源或幫助？

找出最有效的三個行動，把它們寫在便利貼上或公布欄處。

評估你的表現

練習活動 9-14．對自己的表現進行自我評估
（Paul Jackson & Janine Waldman）

❖ 活動目的：學習評估（assess）自己的工作表現。

　　這個活動最好由自己單獨練習。當然，在完成個人反思之後，可以進行兩人配對討論或小組回顧活動。

　　先進行自我反思：想想你過去三個月左右的工作表現。以 100 分的分數，評量自己這三個月的工作表現，會是幾分？為什麼打這個分數呢？然後，按照下述四個類別進行思考：「差（poor）—尚可（OK）—良好（good）—優秀（excellent）」，想想自己哪些工作項目的表現屬於「優秀」的類別？哪些工作項目的表現是「良好」的類別？以及哪些工作項目的表現屬於「尚可」或「差」的類別？

從「優秀」之處開始：

- 這個「優秀」是什麼時候的事情？
- 是什麼造就了這個「優秀」？
- 你是怎麼樣讓這個「優秀」發生的？
- 當你如此「優秀」時，別人可能會注意到你的地方是什麼？
- 若你能更注意到這個「優秀」時，對你會有什麼幫助？

接著詢問「良好」之處：

- 你什麼時候的表現是「良好」的？
- 「良好」的時候發生了什麼？
- 你有特別做了些什麼，使得「良好」能夠發生？

- 當你的表現是「良好」的時候，你的老闆、同事、當事人會說他們特別注意到你的是什麼地方？
- 若你能更注意到這個「良好」時，對你會有什麼幫助？

詢問「尚可」之處：

- 你的表現什麼時候是「尚可」的？請明確說明。
- 在「尚可」時，你的亮點是什麼？
- 若你能更注意到這些亮點時，對你會有什麼幫助？

判斷一下：

- 花點時間思考一下：你對「優秀」、「良好」和「尚可」等表現的看法。
- 列出明確的資源，以及你希望繼續使用的技能、繼續擴展的技能。
- 此刻，在想要繼續提升自己表現的這個方向上，還有什麼人、事、物可能是對你有幫助的？

討論「差」之處（若還有足夠的時間，才進行這部分）：

- 你的表現哪裡較「差」？
- 從前述幾個反思中，你發現了哪些自己已經擁有的資源、技能和特質？
- 哪一個「差」的面向若能改善，會是重要的？
- 記下你可以用來改善表現的各個資源。

小小行動：

- 你希望在未來三個月內實現的目標是……
- 為了讓你能有所進步，請記下一些對你有用的小小行動，或是一些值得你多加注意的事情。
- 你可能會想要將一些行動或提示的訊息寫在小卡片上，好幫助你在接下來的幾個月去執行計畫。（在會談之前或會談期間，有些人會

把卡片放在布告欄上，或把它們放進口袋裡提醒自己。）

◈ 360 度的回饋工具

許多機構組織現在會尋求「360 度回饋」，也就是尋求各種利益相關者對績效的意見，而不只是從主管或公司徵求建議而已。就客戶服務和醫療保健的組織而言，360 度回饋的方式已被證實為一種簡單、有效的書面回應工具。

---

1. 請在下列直線上做個記號，記錄你在過去一年中與＿＿＿＿小姐／先生聯繫時的評量分數：

0 ——————————————————————————— 10
（非常差）　　　　　　　　　　　　　　　　（好得不能再好了）

2. 在接下來的一年裡，什麼樣的一項改變將會使你的分數提高 1 分？

＿＿＿＿＿＿＿＿＿＿＿＿＿＿＿＿＿＿＿＿＿＿＿＿＿＿＿＿＿

＿＿＿＿＿＿＿＿＿＿＿＿＿＿＿＿＿＿＿＿＿＿＿＿＿＿＿＿＿

＿＿＿＿＿＿＿＿＿＿＿＿＿＿＿＿＿＿＿＿＿＿＿＿＿＿＿＿＿

3. 如果你願意，請提供你的姓名或職稱。

＿＿＿＿＿＿＿＿＿＿＿＿＿＿＿＿＿＿＿＿＿＿＿＿＿＿＿＿＿

謝謝您的協助！

請將表格放入所提供的回郵信封中寄回。

　　這個表格可以很快填寫完畢。當一個表格需填寫的項目過多，常會讓獲得的資料不易分析。這個表格能蒐集到很多實際的回覆資訊，並且在需要時，可以輕鬆地進行整理和分類。

　　把這個表格發送給所有相關人員，將會產出十分詳盡的分析結果。若把此表格發送到選定的樣本，則能讓分析者得以對同樣的員工或客戶群體，進行重複抽樣與分析。如果有需要，也可以修改此表格，能夠更針對特定技能或任務內容的評定情況，進行瞭解。大多數填寫者會願意提供他們的姓名或職稱，而此將使回覆的內容能夠與特定的團體或部門進行連結。對於客戶，以隨機的方式將表格發送給不同的客戶填寫，會是一個很好的方式。在完成特定的活動後，也可以按照同樣的方式，將表格發送到相同的客戶手上，如此將能獲得他們對於這項特定活動的回饋；當然，也可以邀請新的、不同的對象提供意見。

CHAPTER 10

督導的練習活動

督導（supervision）指的是治療師請同行資深同僚來訓練自己，或指雇主對於部屬的監督，抑或是兩者兼具。為了獲得建議與忠告，治療師除了接受督導或自我督導之外，也常會參與同儕督導團體來幫助自己。一般而言，治療師的督導者或同儕督導夥伴，會採用與該治療師相同的心理治療模式和取向進行工作，但實際上並非總是如此。本章提供的練習活動，對處理此種情況也能提供助益。

練習活動 10-1 · 督導的面向

❖ **活動目的：**反思督導過程中會遭遇的議題。

請課程學員兩人一組進行練習，輪流用下列問句訪問對方。

- 如果我是你的新督導者，你如何得知你從督導過程中得到了你想要的？而我又能如何得知呢？
- 過去，你是如何順利成功地運用督導這個資源的？
- 你最擅長什麼？
- 對你來說，什麼是最困難的？你又如何知道你自己正在向前邁進？
- 當我焦慮於你所告訴我的內容時，你希望我能採取什麼方式與行動來處理？

之後，兩人對於這段督導對話與歷程，進行相互回饋。

練習活動 10-2 · 自我評估

❖ **活動目的**：建立對於使用焦點解決方法的信心。

請學員詢問自己以下的問句，並寫下答案。

- 在 0～10 的量尺上，0 代表完全沒有信心，10 是非常有信心，你對自己使用焦點解決方法，目前有著多大的信心？
- 如果有一天，你對於使用焦點解決取向的信心，評分為更高 1 分的數字時，那時的你會有些什麼不同的行動？
- 為了「提高 1 分信心」的這個目標，你已經嘗試做了什麼？
- 為了實現「提高 1 分信心」的這個目標，你還需要做些什麼？
- 你擁有什麼特質與能力，可以協助你實現「提高 1 分信心」這個目標？

焦點解決內部督導

時間的限制往往是一個挑戰。在時間允許下，焦點解決思維有助於快速回顧與反思大量的案例。

舉例而言，在訓練團體中，帶領者可以請每位受訓學員思考自己當前遇到最困難的一個案例，再請學員就自己與這位當事人最近的一次會談，以 0～10 的量尺進行評量：10 表示會談一切順利且當事人的進展迅速，0 是相反的情況，那麼他們會評幾分？之後，請每位學員大聲說出評量的分數。接著每個人都向團體報告：如果下次會談能在同一量尺往前移動 1 分，將會有什麼不同？他們又會如何辨認出這些差異？需注意的是：在這個團體對話中，是已同意可以揭露足夠的案例訊息，好讓其他成員能夠提出更多想法。

如果時間允許，則可再次邀請學員針對「排序第二難」的案例，再次重複這個過程。

練習活動 10-3・自我督導或團體督導的簡版模式

❖ **活動目的**：這是一個簡版模式，可以讓治療師在時間有限的情況下，仍能進行團體或個人的督導。

當自己單獨一人、與另一個人一起，或者在團體中，都能思考以下問句來進行督導：

- 想想你覺得最糟／最困難的一個案例。
- 以 0～10 的量尺，為你與這位當事人的上一次會談進行評量。
- 在下次會談中，分數上升了 1 分時，你會如何得知？
- 你可以在會談中做些什麼事情，來協助「提高 1 分」的這個目標能夠達成？

如果合適，在旁的同儕可以就這個案例提出疑問。可以針對不同案例，重複此過程。督導者則可記錄受督者為下次會談所擬定的諮商計畫。

（如果這個督導是在類似咖啡館的場所進行，則要特別注意保密議題。）

練習活動 10-4・在督導中使用評量問句

請學員就自己與某位當事人最後一次的工作，以下列問句進行反思：

- 在 0～10 的範圍內，0 代表這可能是你最差的工作表現，10 則是你最佳的工作表現，你會給這次工作評為幾分？
- 當你對工作的評分提高 1 分時，那時，你的做法會有什麼變化？

- 被服務的當事人如何得知,你已經在更高 1 分的位置工作著?
- 你的督導者如何得知,你已經在更高 1 分的位置工作著?
- 為了下次工作時能真的到達更高 1 分,你將會採取哪些不同的做法?

請學員列出一張工作清單,上面寫出專業人員所採取的行動,是能展現出專業人員對其工作確有擅長之處的。

- 請學員就清單上的向度,評量自己執行的頻率,包括:「完全不做」、「有時做」、「大多數時間做」、「總是在做」。

請學員想想「有時做」的這些行動向度,接著思考:

- 你什麼時候做過?
- 當你這樣做時,會發生什麼?
- 你最後一次這樣做,是在什麼時候?你如何能夠多做這些行動?當你多做什麼時,明天的你就會變成「大多數時間做」或「總是在做」這些行動?

焦點解決反思團隊(Harry Norman & Bristol Solutions Group)

焦點解決反思團隊(solution-focused reflecting team)乃透過各種不同的督導方法,包括反思團隊形式(Reflecting Team format; Andersen, 1991)進行實驗後產生的。焦點解決反思團隊分為幾個階段,階段一是「呈現案例」(presentation),請治療師/客戶(customer)簡短說明個案,此時團體內其他成員只需傾聽。階段二是「澄清」(clarify),請在場的團隊成員,以一人提問一次的方式輪流詢問提案者;每人都提問完畢後,才能再開始第二輪,以協助團隊成員瞭解此個案目前的狀況。階段三是「肯定」(affirms),請團隊每位成員都就提案者對案例現況的描述,發現對提案者印象深刻之處,並直接予以欣賞肯定,而被讚美的提案者則

保持沉靜即可。在階段四「**反思**」（reflecting）時，每位團隊成員進行反思或提出想法，輪流提供：對於現況或下一步，或許可以試試看的行動提議。除非在反思階段中發生了明顯的誤解，真的需要提案的治療師／客戶簡短回應之外，提案者都保持沉默。最後階段五是「**結論**」（closing），提案者簡要說明：到目前為止，自己未來似乎可去執行的內容或行動計畫。團隊人數對進行此模式並無特定影響；對每個提案的問與答過程，通常需要二十分鐘即可。

　　焦點解決反思團隊十分能善用時間，並將時間予以最大效益化，而且也阻止了由一位督導者來支配全程。如果團隊成員有多個案例想要討論時，這樣的方式更容易讓大家都能輪流獲得支持。有一些治療師一開始是基於督導模式，來接觸及運用焦點解決反思團隊，如今已逐漸將這個方法應用至實務工作中的其他領域，如團隊會議；這個模式甚至已被用作教練、建構學習的模式，以及企業管理的重要工具之一。

練習活動 10-5 · 反思團隊模式

❖**活動目的：**練習如何在實務中運用反思團隊模式。

　　形成小組（最好三到五人一組，但也可以兩人一組進行）。每次有新的提案時，重新選擇一位新的主持人。提案的治療師先簡要回顧一下案例或現況，接著，小組成員進行前述各項步驟。之後，再輪換到下一位提案者。

工作坊評量

　　以下呈現兩個不同的評量表格。

◈ 工作坊回饋評量表（一）：
「快樂清單」（Happy Sheets）（Rob Cumming）

感謝你參與本課程。

歡迎你提出意見，你的意見將有助未來的工作坊和課程提升成效。

• 請你對此課程進行整體的評分，請在下面刻度中，圈選一個數字。
（6 表示課程的專業度「足夠」，7 表示課程專業度「良好」。）

1　　2　　3　　4　　5　　6　　7　　8　　9　　10

• 如果發生什麼，會讓你的評分更提高 1 分？

• 請說明你認為本課程中最有幫助之處為何？

• 請說明你最不喜歡本課程之處為何？

• 你希望還可以有哪些後續活動？

謝謝你的協助。

◈ 工作坊回饋評量表（二）：
焦點解決諮商人員訓練（Ronald Warner）

請圈出各選項中，最能清楚代表你觀點的相應數字。

1. 此「焦點解決」訓練，對於你的工作滿意度有發揮任何影響力嗎？

4	3	2	1
非常顯著	一定程度	有一些	很少或沒有

2. 此訓練對於你給予當事人／病人優勢與資源讚美的頻率，有帶來任何變化嗎？

4	3	2	1
非常顯著	一定程度	有一些	很少或沒有

3. 你發現強調優勢與正面資源，能帶給當事人／病人賦能的程度是多少？

4	3	2	1
非常顯著	一定程度	有一些	很少或沒有

4. 焦點解決模式影響你思維與實務工作的程度為何？

4	3	2	1
非常顯著	一定程度	有一些	很少或沒有

5. 你覺得工作坊中，小組練習技術（角色扮演）的時間量是？

4	3	2	1
非常顯著	一定程度	有一些	很少或沒有

6. 在協助你發展出專業的知識與技能，以處理多元的當事人／病人問題，你覺得這個訓練工作坊的貢獻程度為何？

4	3	2	1
低於一般水準	一般水準	高於平均水準	顯著超乎一般水準

（續下頁）

7. 在這個訓練工作坊中，你覺得最有幫助的是？

8. 對於改進這個訓練工作坊，你的建議是？

9. 此次訓練對於你與當事人／病人，或者和他人互動時，有何影響（請描述）？

CHAPTER 11

建立復原力的練習活動

近來，在治療及其他領域中，復原力（resilience）的概念逐漸受到重視；因為世界各地的衝突，帶給許多軍事人員和平民百姓痛苦與失落，許多兒童和家庭遭到無法忍受的苦難和迫害。還好，事實證明，幫助人們增加自己對這些痛苦的抵擋能力，以及能夠在情緒上走出所歷經的痛苦並繼續前進，是有可能的。本章的練習活動，將能幫助當事人提升其復原力。

產生放鬆的兩個練習活動

練習活動 11-1 · 奇蹟放鬆（Karen Bell & Sue Fell）

❖ 活動目的：熟悉「奇蹟放鬆」（Miracle Relaxation）技術，並練習發揮其有效性。對個別當事人或團體，都適合使用這個技術。

請學員放鬆的坐下來或舒服的躺著，隨後帶領者緩慢、平和的給予以下的引導語：

「現在，無論你是坐著或躺著，都讓自己舒服一點。讓自己感到你的背部是有被支撐著。如果閉上眼睛可以幫助你集中注意力，那麼可以閉上你的眼睛。

將注意力集中在你的呼吸上。讓呼吸保持緩慢、均勻和舒適……慢慢的、均勻的、舒適的。用你的感官來幫助你。聽聽自己的呼吸聲。

想一想你最喜歡的顏色。接著，想像一下，你的呼吸就是這個你喜歡的顏色。當你呼吸時，你把新的能量吸入。當你呼氣時，你會把壓力從身體中釋放出去。

你能感覺到，你的鼻子正在呼吸。每次呼吸，都能感覺你的肋骨在動。盡量讓自己保持舒適、緩慢、平穩。

讓自己保持平靜，讓自己的身體覺得有被支撐著。你慢慢地將呼吸的速度放慢。當你減慢呼吸時，檢查一下身體有沒有任何的緊張感。

感覺一下你的頭。它舒服嗎？你的頭是靠著的、有支撐的？你想讓它向前傾一些嗎？

感覺一下你的眼睛。如果眼睛已經睜開了，請再次輕輕闔上眼。

感覺一下你的額頭，將眉頭鬆開。感覺一下你的臉龐，鬆開任何的緊繃。感覺一下臉的紋路和皺眉。在呼氣時，慢慢地把它們推展開來。

感覺一下你耳朵到肩膀之間的空間，檢查一下你的脖子有沒有緊繃的地方。讓你的肩膀輕輕地放鬆下來，休息一下。讓你自己感覺到，耳朵到肩膀之間的空間增加了。運用你的呼吸，來釋放任何緊繃的感覺。保持呼吸的緩慢，甚至……當肩膀放鬆時，感受一下那種鬆弛下來、沉甸甸的感覺。

把這種鬆弛、沉甸甸的感覺，向下延伸到你的手臂、手肘、手腕和手掌上。當發現你的手有任何的緊繃時，盡可能地攤開你的手指，然後再非常緩慢地、輕輕地讓它們鬆弛下來。當手指放鬆時，感覺一下這份緊繃與放鬆的差別。

如果你的注意力分散了，讓你的注意力重新回到你的呼吸上，保持緩慢和均勻。

確認自己身體的狀態已經有所改變了。你的呼吸是緩慢而均勻的，甚至，你感覺自己好像在漂浮一般。將這種鬆弛下來、沉甸甸的感覺，繼續

延伸到脊椎和胸部，通過臀部和膝蓋，一直通到腳踝到腳。讓這些部位都盡量舒服的舒展、放鬆著。

確認自己感受到有力量在支撐著身體，所以你是放鬆的。請繼續吸進新能量。每次呼氣時，都繼續釋放出身體內的緊繃。

現在……想像一下：時光飛逝，此刻，已是一年之後了。你所有的問題都解決了，一切都變好了。也許，你已經搬到了另一個地方……也許你生活中有一個新面孔加入……或者你正在從事一份新工作……也可能仍然留在原來的地方。但是，此時此刻的你，是覺得很幸福的。

現在的你，覺得輕鬆愉快，更可以輕鬆地因應生活的種種。那麼，你是怎麼知道這些變化發生了呢？……現在，有哪些事情是已經好轉了？

你感到滿足，沒有緊張的感覺。在腦海中，想一想，你是如何邁出讓這些改變發生的小小步伐呢……

此刻的你，在哪裡？在現在的家嗎？是新的地方嗎？它看起來是什麼樣子？室內給人的感覺如何？你正在做什麼？也許你正在享受你以前喜歡做的事情，或者，有一些新的工作或興趣，再次豐富了你的生活。你在這裡，覺得安全、溫暖和放鬆。這是一個舒適的地方。

有人和你在一起嗎？可能是你已經認識很久的人，或許是新加入你生命中的人。他們有沒有注意到你的變化？如果有，他們會說你有了哪些不同？

覺察你此時此刻的感受。你的身體沒有任何緊繃，你感覺自己完全放鬆。你能感受到快樂，能享受著生活。花些時間體會一下你現在的感受……（短暫的停頓）。

你運用了自己的優勢，幫助自己到達目前的狀態。你為自己的成就感到驕傲自豪。你做得很好……

現在，慢慢地注意一下你現在身處的環境，回到目前所在的地方。聽聽這周圍的聲音。慢慢回到這裡，慢慢回到當下。……當你準備好，你可以睜開眼睛，結束這個放鬆活動。」

練習活動 11-2・基本的正念呼吸（Fiske, 2008）

❖ **活動目的：**當人們被焦慮襲擊，或進入緊張狀態時，這個練習活動非常有用。

請當事人平緩地呼吸。在呼氣以及吸氣的過程中，在心中默默對自己說話。

吸氣時（在心中慢慢數到 7），同時在心中對自己說：

「吸氣，我吸入的是＿＿＿＿（今天我需要的東西，比如平靜、勇氣、溫暖或自信）。」

呼氣時（在心中慢慢數到 11），同時在心中對自己說：

「呼氣，我呼出的是＿＿＿＿（我今天需要擺脫的東西，比如恐懼、疲勞、痛苦或緊張）。」

三個問句（Luc Isebaert）

「重複」（repetition）有助於新的學習。以下這些練習活動能鼓勵當事人：練習思考、說話表達、傾聽回答、採取行動，以及觀察結果；然後請當事人向治療師述說一次從這些過程中得到的訊息，如此，當事人可以多次複習這些知識。

對當事人說：「如果你能做你認同的事情、能從你擁有的事物中找到真實的滿足感，那麼你將能建構你的幸福。每天晚上，何不花五分鐘的時間，或者每當願意的時候，就想一想、反思一下，你今天為自己及身邊的人如何創造了幸福呢？你甚至可以寫一些關於你自己『幸福之旅』的日記。」

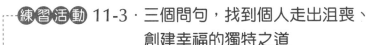

練習活動 11-3 · 三個問句，找到個人走出沮喪、
　　　　　　　　創建幸福的獨特之道

❖ **活動目的：**減少情緒低落並建立信心。

請當事人花幾分鐘反思這三個問句，每天進行五到十次：

- 在過去一小時裡，我做了什麼或許沒那麼糟、還過得去的事情呢？
- 有沒有一個人做了一件事情，是讓我感謝的？甚至是讓我感到開心的？我的反應方式，會讓這個人可能願意再做一次類似的事情嗎？
- 我有看到、聽到、感覺到、聞到、品嘗到任何我可能感覺到一絲絲開心或感恩的東西嗎？

◇ **當你感到難過時的三個小秘訣**

1. 想一想你今天做的，讓你感覺良好的三件事情。
2. 想一想今天別人做的，某一件讓你心存感激的事情。
3. 品嘗、嗅聞、感覺、傾聽或看看一些你喜歡的東西。

　　對於不需要瞭解焦點解決工作模式的成員，也可以運用這幾個要點來設計成一個很好的練習活動。可以讓成員兩人一組分享想法，或是向整個團體報告自己的體驗。

與兒童當事人工作的練習活動

練習活動 11-4 · 治療中讓兒童玩的遊戲

❖ **活動目的：**開發某些遊戲，作為與兒童工作時的治療工具。

　　請學員針對某位正在一起工作的身心障礙兒童，想一想：

- 這孩子喜歡玩什麼遊戲？
- 你如何運用這些遊戲，讓這個孩子對自身健康和幸福的議題，能更加自主的決定？

例如，如果一個兒童喜歡討論船舶，那麼可以詢問他：「如果你是這艘船的船長，你會要求船員做些什麼來支援你？」

練習活動 11-5 · 回饋／結束會談的練習

❖ 活動目的：練習評估自己以及兒童當事人的因應技能。

在與兒童、青少年當事人實際嘗試這個活動之前，請學員先親自體驗一下。

下次在家或工作中遇到困難時，請自問以下問句：

- 以前，當我遇到類似情況時，我是如何因應的？
- 我有什麼比較好的因應困境的經驗？
- 在這些比較好的因應困境經驗當中，與現在有著什麼差別？我做了哪些不同的事情？
- 我是如何做到的（列舉三個方法）？
- 還發生了什麼呢？
- 當事情好轉時，誰會先注意到？
- 還有誰注意到？
- 在事情好轉時，他們注意到的是什麼？
- 還有呢？
- 他們如何知道，你是以這種新的方式在處理事情呢？
- 你要如何才能更常這樣做呢？
- 還有呢？（多問「還有呢？」總會有更多新的發現。）

要讓自己變得有復原力，並不需要擁有上述所有技能。因此：

- 從上述各問句的答案中，選出一項你最擅長的技能。
- 思考能如何多加使用它。
- 當你能更多地使用這個技能時，你將會做些什麼不同的事情？行為又會有何不同？
- 其他人會注意到你有何改變？

練習活動 11-6．測量復原力

❖ **活動目的**：評估自己的復原力。

身為一位實務工作者，你的復原力如何？請看看下列的復原力技能，之後試著回答這個問題。

1. 幽默感：Reivich 與 Shatte（2003）認為幽默感是相當重要的技能，但卻無法經由學習獲得；而其他復原力技能都是可以習得的。

2. 情緒覺察：能夠辨識自己此時此刻的感受，以及在必要時，能控制自己情緒的能力。若以焦點解決語言來表達這個觀點，則為：「情緒覺察」雖無法幫助自己如何感受，但是可以幫助自己在產生一些感受時，對自己的行為負責。

3. 衝動控制：一種容忍模糊、不確定性的能力，可以讓人先仔細觀察事物，而不倉促做出決定。

4. 與現實結合的樂觀主義：並非意指一味看著「光明的一面」，而是能以樂觀的態度來做解釋，例如以建設性的方式對負面經驗（如暫時的復發或挫折等）進行思考。

5. 擁有能從多個角度看待問題的能力。

6. 解讀和理解情緒的能力：這是一種能夠提供社會支持的社交勝任力。復原力佳的成年人不總是孤軍奮戰，他們知道何時需要尋求幫忙，以及到哪裡獲得協助。

7. 自我效能：對自己解決問題的能力擁有信心，瞭解自己的優缺點，並仰賴自己的優點來因應問題。這是一種基於因應能力的概念，與自尊的概念有所不同；自尊是關於自我價值的一種判斷。

8. 主動出擊，也對承擔適度的風險有所準備：這是復原力的一個特徵，其意味著：願意嘗試，並將失敗視為生活的一部分。

替代性復原力

近期，「正向心理學」（positive psychology）領域一直在討論替代性復原力（vicarious resilience）這個主題。這主題是基於一個假定：處於壓力情境中的工作者，能夠透過辨識和凸顯當事人身上令人欽佩的技能和優勢，而幫助到工作者自己。服務高壓家庭和兒童的醫生及社工人員，已經運用這個主題／技術多年，儘管大家採用的名稱不盡相同。最近，心理學家已從行為科學研究，轉為更加著力於實務領域，提供支援予處於貧困或危難的當事人，而讓替代性復原力的關注度更加凸顯。

敘事治療師多年來持續使用一種技術：請當事人指認出一位心中的英雄（真實的或想像的），並寫信給他們，然後在信中描述自己的處境，並徵求這位英雄的意見。在給自己的英雄寫信時，往往會幫助當事人更多思考與釐清所需的協助為何。當然，這些信件很少收到回覆，畢竟英雄是很忙碌的；不過，對此信件的構思和想像歷程，常會激發當事人思索：對於目前的處境，可能的各種回應為何；而這就已經能幫助到許多當事人了。Henden（2017）就曾描述過他在創傷復原領域認識的一些真實英雄，以及如何辨別與確認出這些真實英雄的最佳成就。

眼動減敏與歷程更新治療（John Henden）

在討論「眼動減敏與歷程更新治療」（Eye Movement Desensitisation

and Reprocessing）方法時，常使用「EMDR」這個縮寫，此技術乃由心理學家 Francine Shapiro 所創建。這個方法幫助成千上萬的人減少了回溯痛苦記憶、再次歷經恐懼的症狀。EMDR 利用眼球運動，幫助當事人在專注於痛苦記憶的同時，能刺激大腦的資訊處理區域的運作，從而協助當事人減少或消除痛苦的記憶。

練習活動 11-7 · EMDR 簡易版的學習

❖ 活動目的：體驗簡易版 EMDR。

請學員兩人一組，選用某些痛苦程度相對較小的記憶，來嘗試體驗這項技術。在試驗這項技術並進行動作時，記得所使用的是當事人自己的手，而不是治療師的手。

- 讓自己舒適的坐著，可以獨自坐著，或者坐在治療師的面前。
- 開始回想某個有些不快的記憶，接著對這個記憶的情緒負面程度進行評分（以 0～10 量尺進行評量，0 表示無，10 表示高）。
- 迅速將眼睛從一側移到另一側，同時專注在這個記憶的事件上。
- 請用自己的一根手指或一個物體，從眼睛的這一側擺動到另一側，其高度是眼睛看得到的位置。讓眼睛跟隨這個手指或物體擺動，頻率為每秒兩次，持續一分鐘。快結束時，請專注在記憶中最糟糕的部分。
- 再繼續眼球動作及手指擺動。在此同時，深呼吸，停止焦慮並停止關注於這個記憶。
- 休息幾分鐘之後，再次練習兩到三次。然後再次評量這個不愉快記憶的情緒負面程度（以 0～10 量尺進行評量，0 表示無，10 表示高）。通常分數會降低或到達 0 的位置。

• 有時，一次 EMDR 會談就能解決當事人的問題。當然，有些當事人則需要進行數次會談，或者需要於治療師不在場的情況下，多次重複練習此過程。

舒適提示

對於令人痛苦的回憶，舒適提示（comfort cues）可作為處於壓力之下的精神庇護所，並成為放鬆以誘導睡眠的工具。

練習活動 11-8．5 - 4 - 3 - 2 - 1
（Yvonne Dolan；引自 Henden, 2011）

❖活動目的：這是個十分能讓人平靜下來的練習活動。此活動可以和某些正念或冥想活動相結合。

「請你先舒服的坐下或躺著。
睜開你的眼睛，注意一下你能看到的五樣東西。
閉上眼睛，辨認一下你能聽到的五樣東西。
閉上眼睛，注意一下你身體能感受到的五樣東西（例如椅子、你的衣服）。

睜開眼睛，注意一下你能看到的四樣東西。
閉上眼睛，辨認一下你能聽到的四樣東西。
閉上眼睛，注意一下你能感受到的四樣東西。

睜開眼睛，注意一下你周圍能看到的三樣東西。
閉上眼睛，辨認一下你能聽到的三樣東西。
閉上眼睛，注意一下你能感受到的三樣東西。

睜開眼睛，注意一下你周圍能看到的兩樣東西。

閉上眼睛，辨認一下你能聽到的兩樣東西。

閉上眼睛，注意一下你能感受到的兩樣東西。

睜開眼睛，注意一下你周圍能看到的一樣東西。

閉上眼睛，辨認一下你能聽到的一樣東西。

閉上眼睛，注意一下你能感受到的一樣東西。」

需要時，可以重複練習。

練習活動 11-9・安全、美麗的地方（Yvonne Dolan, 1998）

❖ **活動目的：**此活動的過程，可以協助當事人在心中產生一個低度焦慮的圖像（low-anxiety image），讓當事人聯想起這個圖像時，並不覺得焦慮。

練習時，可以請當事人在心裡進行想像或回憶的動作，或者請當事人拿出一張他所愛地方的照片，來作為觸發工具。

引導者會先用「『美麗』的地方」，之後才加上新的詞彙變成「『安全』、美麗的地方」，這樣才能讓被引導的人，逐步建構出一個令他安心的畫面。

「舒服的坐下或躺著。想一想你曾經去過的一個最美麗的地方，或者一個你很想去的地方。

閉上眼睛，找出在這個安全、美麗的地方，你能看到的三樣東西。

閉上眼睛，找出在這個安全、美麗的地方，你能聽到的三樣東西（例如大海、鳥鳴）。

閉上眼睛，注意一下在這個安全、美麗的地方，你能感受到的三樣東西。

繼續閉著眼睛，找出在這個安全、美麗的地方，你能看到的兩樣東西。

找出在這個地方，你能聽到的兩樣東西。

注意一下在這個地方，你能感受到的兩樣東西（例如太陽、沙灘）。

繼續閉著眼睛，找出在這個安全、美麗的地方，你能看到的一樣東西。

找出在這個地方，你能聽到的一樣東西。

注意一下在這個地方，你能感受到的一樣東西。

繼續閉著眼睛，在這個安全、美麗的地方，重溫所有的這些感受。

每當你感到有壓力時，重複這個活動，讓自己回到這個安全放鬆的地方。很多人會找一張明信片或一個小紀念品，讓自己方便隨身攜帶或放在手邊，好幫助自己喚起記憶。」

練習活動 11-10・五指練習（Milton Erickson）

這是從一位護理師那裡所學到的一個很有效的放鬆活動。這項活動歸功於催眠治療師 Milton Erickson 博士（或可能需歸功於他的夫人）。據說，此活動能將練習者帶入一種恍惚的狀態。

「在椅子上舒服的坐著。雙手放在膝蓋上。閉上你的眼睛。

用拇指觸摸食指。當你這樣做的時候，讓自己回到一個身體健康狀態很好的時期，並想像自己剛剛才結束一項令人振奮的身體活動，比如打網球或慢跑。

現在用拇指觸摸中指。當你這樣做的時候，你回到一個充滿愛的經驗裡。它可能是溫暖的擁抱，也可能是親密的談話，也可能是與性有關的經驗。

　　現在用拇指觸摸無名指。當你這樣做的時候，你回到曾經收到最佳讚美的那個時刻。現在嘗試真正接受這個讚美。透過接受它，你對這個讚美你的人展現崇高的敬意。你真的在向他們致意。

　　用拇指觸摸你的小指。當你這樣做的時候，回到你曾經去過最美麗的地方。現在，在那裡待一會兒。

　　現在張開雙手……睜開眼睛……然後回到這個房間。」

　　五指運動只需要不到十分鐘的時間，但卻能增強人們的活力以及內心的平靜和自尊。這活動可以在任何你感到緊張的時候進行。經過四到五次練習後，單一手指的運動就足以觸發放鬆狀態。在陷入緊張的情況下，可以用不顯眼的方式來進行這些手指動作。

閃耀時刻

　　這是由英國「短期」（Brief, info@brief.org.uk）機構所開發出來的練習活動，此活動乃基於敘事治療法的觀點。

練習活動 11-11 · 閃耀時刻

❖ **活動目的**：發展屬於自己的閃耀時刻。

　　請學員回想一下，自己曾經處於最佳狀態並覺得自己「閃閃發亮」的某個時刻。然後簡要描述：

- 讓這一時刻特別能脫穎而出的具體理由為何？請簡要說明。
- 你記得在這一時刻，自己的哪項特質是讓自己最為開心的？
- 還有什麼值得關注的、讓你開心之處？還有呢？還有什麼呢？
- 如果這些特質在你生活中增加了存在的比例，或變成更大的一部分，誰會是第一個注意到的？

- 他們會看到什麼？
- 這又會造成什麼不同？

練習活動 11-12·建立美好的回憶（Sarah Stroud）

❖ 活動目的：另一種建立美好回憶或舒適提示的方式。

請學員回想一下曾經品嘗過的最好的一餐。接著，開始想：

- 你吃了什麼？
- 哪一道菜的味道最好？
- 你在哪個地方吃的？
- 當時誰和你在一起？
- 你穿什麼衣服？
- 天氣怎麼樣？
- 與這記憶相關的音樂是什麼？
- 在這頓美好的一餐之後，還發生了什麼？
- 是什麼讓這段記憶變得如此美好？
- 還有其他哪些美好的用餐經驗和這次一樣，會是你最喜歡的回憶？

給焦點解決實務工作者的最後叮嚀

由於不斷出現的各種組織變革和動盪、迫在眉睫的裁員、更多的政府指令和具有高壓的會議等，即使是對最熱情的工作者，也會造成不小的損失或傷害。因此，焦點解決實務工作者需要能覺察自己的優勢和資源，以能持續保有復原力。最後的這些練習活動，正是在幫助你開始這一個覺察的歷程。

練習活動 11-13．確認你的自信（Judith Milner）

❖**活動目的：**幫助實務工作者發現、建立或提升在專業工作中的自信心。

請學員或實務工作者進行以下思考：

- 列出一份專業人員所做事務的工作清單，這張清單能夠告訴你，專業人員對其工作的擅長及勝任之處。
- 針對這張事務清單列出的事項，你執行的頻率如何？──完全不做、有時會做、大多數時間做、總是在做？
- 想想你「有時會做」的事情。
- 你什麼時候做過？
- 當你這樣做的時候，會發生什麼？
- 你最後一次這樣做，是在什麼時候？
- 你如何能夠做更多這樣的事情，而讓明天的你變成「大多數時間」都在做這樣的事情？

結語：短期治療下一步新發展為何？

Ququ（questioning for useful questions）：詢問有用的問句，並由當事人主導對話（conversations led by client, CoLeC）（Panayotov & Strahilov, 2019），是一個焦點解決取向的自助版本。此版本假定：當事人有自己的想法，只要治療師能夠提問類似下列的合宜問句，就能聽到當事人的想法。

- **啟動思維的問句**（mind-activating question, MAQ）：「現在，你能從我這裡聽到最有用的問句是什麼？」（或者：「在我們下次會談中，你認為能從我這裡聽到最有用的問句是什麼？」）當事人給出答案後，治療師接著向當事人提問其所提出的問句。

- **時間導向的問句**（time-oriented question, TOQ）：「此刻我們討論什麼會是最有用的？過去、現在還是未來？」
- **多重選擇問句**（multiple-choice question, MuQ）：「這些問句中，哪一個問句對你最適合？」請當事人從治療師所提供的問句清單中，選出一個問句，接著治療師向當事人提問這個被選出的問句。
- **延遲答案問句**（delayed-answers question, DAQ）：如果當事人當下對某個問句沒有任何答案，請他們在下次會談前繼續思考這個問句。然後，接著詢問當事人：「我們什麼時候進行下次會談？」

在會談開始時，可使用的兩個替代問句：
- 關於你之所以來這裡治療的議題，你會問自己哪些問句？
- 你覺得問了自己哪一個問句之後，能夠幫助自己未來可以遠離這種情況？

如果當事人詢問的問句是「為什麼？」則請治療師嘗試以下列方式之一，來回應當事人：
- 往往問題先發生了，然後變成一種習慣……
- 因為你們彼此相愛……
- 因為你是一個活生生的人……
- 這是你強大的能量……
- 因為你這麼說……

例如，若當事人問：「為什麼我睡不好？」治療師可以回應：「睡不好這件事，往往就這樣發生了，之後，就慢慢變成一種慣性。」或者「這代表著你有強烈的能量。」這種方式會引發當事人開始思考相關議題，而非一直著眼於治療師的知識。這是一種中立的回應，但其中也包含了讚美當事人的成分。

若當事人問的是「我們該怎麼做呢？」治療師則寫下一到五個書面任務，再由當事人自行選擇。之後，再詢問當事人：「如果你願意讓這個機構的人在六個月後詢問你相關情況（包含任務或進展），請寫下你的電話號碼。」詢問的事項如：

- 你的情況現在怎麼樣？
- 我們的會談對你有用嗎？

這個模式已擴大應用，包括：青少年的「成功步驟日記」（Steps to Success diary），這是個印有問句清單的小冊子，包含一些空白的頁面，提供青少年自己書寫答案。「好問題日記」（Good Questions Diary）的手機應用程式版本，例如「MySuGo」等，已可在 Android 和 iOS 裝置上使用。

◈ 另一個短期治療模式：終極自助者

下頁這份問句清單，是由一位當事人在初次會談後設計出的。

當你發現自己陷入困境，並覺得需要有些改變時，去找一處明亮、乾淨、安靜且舒適的地方。坐在桌旁，取出這張清單和一支筆，開始閱讀這個清單上的訊息，然後思考問題並寫下回答。

日期 _____

時間 _____

- 我認為，現在問我自己什麼問句，是最有用的？
- 留出足夠的時間，思考這個問題。

  然後，在此寫下你認為現在對你最有用的問句：

  _____

  _____

  _____

- 給自己足夠的時間，回答這個問句。

  然後，在此寫下你想到的答案：

  _____

  _____

  _____

  _____

請根據上述回答，開始採取行動。

如有必要，請重複相同的步驟。

所有問題、困難、麻煩等，都可以這種簡單而有用的方式有效成功地處理。

那麼，祝你好運！！

附錄

焦點解決短期治療：
迄今的故事

（2018 年發表於歐洲短期治療協會於保加利亞索菲亞舉辦的年度研討會）

　　1995 年，我成為歐洲短期治療協會（European Brief Therapy Association, EBTA）理事會的成員；參與這個協會，帶給我許多令人興奮、印象深刻的經歷。從 1994 到 2012 年間，我不間斷地參與歐洲短期治療協會的年度研討會，在當中，我遇到許多國際知名的實務工作者。這個協會的理事會自 1997 年開始召開各種加開的會議，我一直持續參加至 2013 年。在委員會中，我們設計了許多個研究專案，儘管這些專案不見得都能獲得足夠的支持予以推進。在 Steve de Shazer 的建議下，我們每年為個別研究人員提供資助。另外，在歐洲短期治療協會理事會的要求下，由我負責保留著一份截至 2017 年已發表的研究成果紀錄。

　　身為歐洲短期治療協會成員的好處之一是，我有機會可以到世界各地，參加許多不同國家所舉辦的研討會。已開發國家的精神科醫生很少採用焦點解決思維，也許是因為醫生們對「談話治療」（talking treatments）有著某些普遍的偏見。即使向同行展示焦點解決取向的具體技術，也常難以使他們相信：焦點解決短期治療之所以有效，是因為焦點解決模式的方式所致，而非是治療師的人格。當然，也可能因為某些國家的財政激勵措施，讓短期治療象徵的是為實務工作者帶來較低的收入。據我所知，美國的醫療保險公司只支付醫生藥物治療的費用。而如比利時、

西班牙、斯堪地納維亞等擁有完善社會福利體系的國家,則一直急切於其整合性醫療保健取向中,能開始採用焦點解決短期治療的方法。

相較之下,焦點解決觀點在教練、管理等諮詢顧問領域的傳播,一直相當迅速且具高度說服力。「機構解決之道」(Solutions in Organizations, SOL)這個組織,現在可能比歐洲短期治療協會擁有更多會員了。該組織出版了一本優秀的紙本期刊《內在行動》(*InterAction*),如今也在「焦點解決組織」(Solution Focus in Organizations, SFIO)網站上發行了線上版本。而焦點解決教練、領導和組織再造(reorganisation),都已擴展應用至工業、教育和政治等諸多相關領域。在家庭及法律事件的調解工作中,也已證明焦點解決取向是很有價值的;現在也有許多焦點解決工作者,對家庭及法律調解的領域特別感興趣。在此方面,荷蘭 Fredrike Bannink 所做的就是一個可以借鏡的範本;她在當地以及非洲無國界醫生組織裡,教導調解的方法(Bannink, 2010)。

焦點解決實務的萌發,深受美國精神病學家和催眠治療師 Milton Erickson 博士的影響。然而,在密爾瓦基、MRI 和其他中心於 1980 年代的文獻中,幾乎沒有提及 Erickson 的觀點(Watzlawick et al., 1974)。位於比利時布魯日的「科日布斯基研究所」(Korzybski Institut)是歐洲引領焦點解決短期治療發展的主要組織之一,該研究所的創始人 Luc Isebaert 博士是 Erickson 取向的熱愛者;他後來成為 Steve 和 Insoo 的密友,更讓大西洋兩岸的焦點解決短期治療發展大為推進。除了密爾瓦基的提問風格之外,「科日布斯基研究所」也開發了處理限制與問題的方法,使得有著不可逆轉的身體或精神障礙的人們,能夠產生緩慢的進步與微小的改變。他們還支持 Anton Stellamans 和 Liselotte Baeijaert 致力於國際政治爭端中運用焦點解決觀點,特別是用於非洲(Isebaert, 2017)。

◆ 焦點解決短期治療現今的各種版本

　　一些才華橫溢的實務工作者和訓練師，在倫敦組建了「短期」（Brief）機構，這對焦點解決短期治療在教育與心理治療領域的發展，發揮了長期的影響力。「短期」機構的訓練師在世界各地教授焦點解決短期治療，也對焦點解決短期治療在密爾瓦基時期所提出的焦點解決模型，進行某些基本概念的修訂，從而對引導當前焦點解決實務工作者和研究人員的思考，產生了相當大的帶領作用。其中一個修訂是，在許多地區，著名的奇蹟問句（由一位當事人在與 Insoo 會談時所發明）已被一個新問句（由「短期」機構及來自瑞典馬爾默的 Harry Korman 提出）取代：「你對本次會談最大的期望（best hopes）是什麼？」以類似的方式，「短期」機構還簡化了焦點解決會談提問過程的流程，使其技術性降低，也使會談能從某個有用的主題，更為平緩地轉移到另一個有用的主題。他們還將焦點解決取向改以生活教練的模式（而非心理治療模式）來展現，而提高了年輕人的接受度。英國教育部已委託「短期」機構製作相關文件，來指導教育工作者。

　　「短期」機構的焦點解決短期治療版本，乃基於這樣的假設：每位當事人，包括被強制來談的人，對於前來會談都有著一個好理由（一如他們所期望的結果）。因此，這個版本的架構，可用三個問句予以說明：

1. 對於我們在一起的工作，你最大的期望是什麼？某些文獻將這個問句所獲得的答案稱為「契約」（contract）；Jackson 和 McKergow（2002）稱為「基礎平臺」（platform）；Korman（2004）則稱之為「共識方案」（common project）。

2. 你將如何知道這些期望正在逐步實現？（當事人偏好的未來。）

3. 你已經做了什麼事情，或一直在做哪些事情，可能有助於達成你的期望？（「例外」正是「偏好未來」的過去歷史。）

　　這些問句有很多版本，但它們共同之處是對描述（description）的關注，且只專注在描述的本身。這些描述包含對結果更為詳細的廣泛敘述，例如，以「奇蹟問句」或「明日問句」（tomorrow question）作為開始，就所希望的未來，詳細地描述過去與現在的例外情況（通常會以評量量尺來總結）（Iveson & McKergow, 2016）。此外，於媒體行業或醫療保健領域的工作者，都已注意到評量問句能廣泛應用於衡量疼痛及相關成果的品質與滿意度。

　　倫敦「短期」機構常會提出很多有趣的想法。最近一位在焦點解決領域影響力與日俱增的美國訓練師 Elliott Connie，也加入了他們。

　　Iveson 和 McKergow（2016）有一個心理治療的模型，這模型如同畫廊：你從售票處進入，然後你可以到「偏好的未來」那個畫廊，或者前往「已經發生的實際例外」畫廊，其中可能包括「評量」；之後，再去「禮品店」選擇：希望自己在會談裡，從個人的經驗和想法中帶走什麼樣的禮物。

　　2016 年在我和 George 的私人通信中，George 針對如何結束會談，提出了不同的做法。他認為可以用評量問句詢問當事人：對於發生進步的信心程度、對於維持已有進步的信心程度，或對於能繼續保持這些改變並達到「夠好」（good enough）的信心程度。

　　Guy Shennan 是「短期」機構的前任委員，他編修了一個新的問句序列（Shennan, 2014），依序為：喜歡或擅長的事情；建立契約；偏好的未來、已經發生的實例（如「閃耀時刻」）；評量；以及因應技能。

　　其他在「短期」機構的工作者（Ratner & Yusuf, 2015）也提出了另一個問句系列版本。開場：談論資源（非必要）；契約：對會談或工作的最大期望；描述偏好的未來：奇蹟問句或明日問句；已經發生的成功；下一步的小步驟：評量；結束：是否需要總結，或僅需安排下一次會面。

　　在最新一期的《焦點解決短期治療期刊》（*Journal of Solution-Focused Brief Therapy*）中，McKergow（2017）描述了他認為當前焦點

解決實務工作中新的共同特徵（如下表）。

焦點解決短期治療 1.0	焦點解決短期治療 2.0
保持在相同的目標上	
• 聚焦於當事人想要的	• 聚焦於當事人想要的
• 對當事人所說的內容全然接受	• 對當事人所說的內容全然接受
• 奇蹟問句與評量	• 奇蹟問句與評量
• 專注於明確、可具體觀察的細節描述	• 專注於明確、可具體觀察的細節描述
• 因應問句（若合適或需要時）	• 因應問句（若合適或需要時）
• 「何處好轉了？」並持續追蹤	• 「何處好轉了？」並持續追蹤
尋找差異	
• 聚焦於提問問句	• 聚焦於會談室內的對話
• 提問產生任務相關資訊的問句	• 提問讓當事人開展描述的問句
• 進行「無問題的談話」	• 直接討論「最大的期望」
• 目標（最好是較小的目標）	• 最大的期望，及其會帶給所有相關人、事、物的影響與差異
• 問題的例外	• 實例（與最大的期望、偏好的未來相關者）
• 會談結束時的讚美	• 會談結束時不進行讚美橋段，而是於整個會談中都可以給予欣賞性的摘要
• 暫停休息及會談結束時的訊息	• 若當事人希望或需要時，提供另一次會談機會

　　若要為上述 McKergow 的清單做一個註腳，我會說，在我個人的工作中，我不會在會談的早期階段提供讚美，因為有些當事人是相當沮喪的，而可能會認為治療師的讚美低估了他們的困難度。我也發現人們可以接受的讚美數量，會因國家地區而異。英國當事人最多能接受三個讚美，

德國和澳洲當事人只喜歡有一個讚美，而美國的當事人可以接受許多個讚美。

美國 George Greenberg（1998）為長期有心理健康議題的當事人開創了焦點解決團體。他專注於目標，詢問成員：「你想要達成或實現什麼目標？」之後，使用評量，以及討論如何從團體的幫助中邁出下一步。在後續團體中，團體領導者會反覆詢問：「上次參加團體之後，你實現了什麼？達成了什麼？」他強調，團體領導者要負責維持團體活動及討論的氛圍。根據他的經驗，依照這樣的做法，即使當事人在團體中進進出出或錯過團體聚會，都不會對團體造成困擾，也不會損害當事人想要實現的最終目標。這種團體輔導的方法，對於支持性的治療工作及日間照護中心，是相當有用的。

另一位對焦點解決短期治療整體領域具有高度影響力的人士，是美國芝加哥的 Yvonne Dolan。她從接受 Erickson 取向的訓練開始，持續發表與教導許多使用焦點解決思維的新方法。她專門幫助性虐待和類似創傷的成年倖存者，她的方法對於這些陷入困境的當事人極富價值。例如，自己為糟糕的一天準備「雨天信」（Rainy Day Letters），或者以「讀、寫、燒」（Read, Write and Burn）信件來與過去施虐者進行想像對話（Dolan, 1998）。

美國佛羅里達州的一位同僚，在接觸 Insoo Kim Berg 之後，設計了一個工作模式來幫助有困難的學校兒童。她開發了「WOWW」（Working On What Works，在有效之處工作）的概念，其內容包括：先請一名教練在課堂上觀看學生的行為，再向孩子們回饋他觀察到的成功和技能所在；若可能的話，讓每位孩子的表現都被提及；對班級的成功進行 1 到 10 等級的評量；之後，由教練或班級老師定期重複這個過程。事實證明，這種方法在美國、荷蘭和其他國家是非常有效的（Shilts, 2008）。

對我而言，我最關切的是，在教授焦點解決短期治療時的一個關鍵內容：學習如何盡可能地使用當事人的語言。這個概念是由 MRI 策略治療

學派所發展出來的，在其他各處也被廣泛應用。此原則可簡要概括如下：在每個提出的問句與回應中，盡可能包含對話另一方使用的一個或多個語詞，因為這是建立關係聯盟和理解的快捷方式。這個原則可以應用於各種環境和情況之中，包括不同形式的心理治療。

Janet Beavin Bavelas 及其團隊進行了系列的微觀分析研究（micro-analytic studies），檢視了不同治療取向的會談逐字稿。他們的工作證實了：不同治療模式的治療師，會使用不同的語言結構；而且，當治療師運用不同的方式來採用當事人原有的用字遣詞時，當事人回應的方式與效果也會隨之不同。

幾乎在所有情況下，我都會應用「語言匹配」（language matching）的原則。「語言匹配」始終能幫助我與在場的其他人發展出良好的互動關係，無論是和獄中的危險人物，或是患有早期失智症的老年女性。應法院要求前來諮詢的暴力男子，在與我會談時對我說：「你是第一個理解我的人。」即使當時我只是在幫法院蒐集相關資訊，並無任何治療的意圖；當然，我也不認為我全然理解了他們或他們的行為。語言匹配的原則，在失智症和學習障礙領域的工作中特別有用，因為這些患者在各種時刻中，要改變詞彙或語意的能力是有其限制的。

這麼多世紀以來，佛教徒和貴格會教徒一直相信，任何人所說的每一個字都具有重要意義。關於這個主題，已有一些有趣的研究：哮喘的相關詞彙，會對哮喘患者的腦和肺功能產生影響（Rosenkranz et al., 2005）；與老年人談論老年衰退相關議題，會導致他們更嚴重的步態和智力技能的衰退（Bargh, Chen, & Burrows, 1996; Hausdorff, Levy, & Wei, 1999）；談論健康、積極事務和工作的拳擊手，更有可能贏得他們即將到來的比賽（Warnick & Warnick, 2009）；如果先問女性有關性別差異的問題，她們在數學考試中的得分會低很多（McGlone, Aronson, & Kobrynowicz, 2006）；確認訂單前，懂得重複客人所點項目的女服務員，後來會收到較多小費（van Baaren et al., 2003）；以及當事人的心率變異性，與被提

問焦點解決問句存在相關性（Blasé & McKergow, 2006）。

　　密爾瓦基時期模式的一個極大特色是，它已被證明，不僅可以放在致力於人類福祉的眾多領域中使用，也可應用於許多不同的文化之中。相異於心理動力取向的理論概念，焦點解決模式已被證實是較容易遷移應用至不同國家和語言中，畢竟使用不同語言來翻譯精神分析式的觀點，是有難度的。例如，「張力」（strain）一詞，佛洛伊德指的是「情緒張力」（emotional strain），但它容易被翻譯為「壓力」（stress）——一個工程學中關於金屬疲勞的術語。來自世界各地以不同語言發表的研究論文數量，也大為支持了焦點解決工作的靈活性。眾所皆知，實務工作者必須將所使用的心理治療模式，與當地文化敏感度和價值觀相融合；在這一點上，焦點解決思維比嚴格的行為取向模式，要來得容易許多。

　　Andrew Turnell 是澳洲的一名家族治療師。他的同事希望他協助進行困難家庭的處遇工作，其中許多對象是澳洲原住民。他們一起設計了「安全標誌」（Signs of Safety）的構想，讓工作人員在為家庭和相關機構進行風險評估時，可以在約一頁的書面篇幅裡，摘要總結出家庭風險和防護之處的絕大部分資訊（Turnell & Edwards, 1999）。Andrew Turnell 是一位優秀的老師，他已將這種模式的影響力傳播到世界各地。許多國家和地方當局都完整採用了這個模式，作為社區服務工作向前邁進的一步。如今，許多使用安全標誌取向的實務工作者，會分別在世界各地舉辦相關的年度會議。

　　英國某個地方當局，為貧困的北部城鎮家庭建立了一個名為「最後一招」（last resort）的社會工作團隊。在六週的時間內，每位社工只負責兩名個案；若評估家庭情況不佳且無法改善之後，孩子可能就會從家中帶離。我曾擔任他們的督導者，我們的工作仰賴焦點解決原則（包含焦點解決反思團隊；Norman, Hjerth, & Pidsley, 2005）。這個方案非常成功，沒有孩子被迫帶離家庭。該地方當局現在希望，在整個管轄區域裡都能採用焦點解決方法。

　　今日，世界上許多國家都已發表了大量關於焦點解決取向應用價值的相關研究。1995 年發表的成果研究只有八項，目前增加到每年超過 2,800 份出版物的輝煌成果。2017 年的出版著作，包括了 10 篇後設分析、7 篇系統性回顧；此外，有 325 篇結果研究（其中含有 143 篇隨機對照實驗），顯示了焦點解決方法的效益，其中 92 篇研究甚至表示焦點解決取向優於現有的治療方案。在 100 篇比較研究中，71 篇肯定焦點解決短期治療的成效。從超過 9,000 例的個案有效性資料中發現，焦點解決短期治療的成功率超過 60%，平均只需要 3 到 6.5 次治療會談。

　　除了英語之外，焦點解決短期治療領域近期還出版了至少 12 種語言的出版物，包括波斯語、土耳其語和韓語。相較於 2009 年只有 45 項中文出版物，至 2016 年時，已經有 220 項中文出版物（其中 60 項來自臺灣）。雖然這些效果評估研究成果，已經確認了焦點解決模式的價值，但是仍有不足之處，還需要更多更為完整且複雜的研究設計與實證結果。在這些中文的研究中，許多是優秀的物理治療領域的隨機對照研究。世界各地以英文出版的研究數量，近期有減少的趨勢。我們可以自問：這些研究成果是否能表示，焦點解決模式已是一種經實證驗證的有效方法了？

　　許多期刊都會發表包含焦點解決觀點的文章。美國的《系統治療期刊》（*Journal of Systemic Therapies*）可能是其中最負盛名者，《短期治療期刊》（*Journal of Brief Therapy*）也已在美國發行一陣子了。英國《焦點解決新聞通訊》（*Solution-Focused News Newsletter*）及其同時經營的《焦點解決研究評論》（*Solution-Focused Research Review*），三年前成功推出了網路版本。《英國時事通訊》（*UK newsletter*）剛剛重新開始出版。《焦點解決短期治療期刊》（*Journal of Solution-Focused Brief Therapy*）於 2014 年開始出版，儘管鮮少每年超過一期出版物，但一直延續至今。《焦點解決實務國際期刊》（*International Journal of Solution-Focused Practice*）是一本具有競爭力的期刊，這本線上期刊在發行六年後，於 2017 年暫時停刊。

焦點解決短期治療已被美國認可，包括聯邦政府（www.samhsa.gov）之美國物質濫用及心理健康防治局（Substance Abuse and Mental Health Services Administration, SAMHSA）的國家循證方案和實務工作登記處（National Registry of Evidence-based Programs and Practices, NREPP）；華盛頓州、奧勒崗州（www.oregon.gov/DHS）和德州正在進行相關實證資料的審查過程；明尼蘇達州、密西根州、加州的多個組織，已開始使用焦點解決取向。在芬蘭，赫爾辛基心理治療研究所是世界上最大的訓練機構之一，它提供了由西英格蘭大學授予的焦點解決短期治療之理學碩士學位（MSc）。新加坡有一門核准的認證課程。加拿大也有一個實務工作者及治療師的註冊立案機構。威爾斯（英國）將焦點解決方法納入初級精神衛生計畫中。在韓國和印度各有一本焦點解決短期治療期刊。焦點解決短期治療也已經在日本、印尼、菲律賓、馬來西亞、越南、澳洲、紐西蘭、巴勒斯坦、以色列、臺灣、大陸、印度、俄羅斯、南非及其他非洲國家，以及幾乎每個歐洲國家中，被廣為教授與流傳。

隨著焦點解決短期治療在世界各地越來越受歡迎，一些訓練師開始希望制定國際認證標準，但是各國之間的差異使得這樣的努力變得十分困難。他們決定將核准的註冊訓練課程，作為標準化認證的依據。焦點解決訓練機構國際聯盟（International Alliance of Solution-focused Teaching Institutes, IASTI; www.iasti.org）的成立，正是為了實現這個目標。該國際聯盟最初的成員，包括來自歐洲短期治療協會委員會的一些成員，以及來自世界各地知名的實務工作者。目前約有 18 個機構已在 IASTI 註冊。

為認可焦點解決短期治療實務工作者的資格，在幾次嘗試失敗後，英國又再次展開了對於焦點解決訓練的認證制度。但是，英國政府所採取的政策，推遲了這個過程。該「心理治療普及性計畫」（Improving Access to Psychological Therapies, IAPT）將認知行為治療置於所有其他模式之上，並規定需終止僱用未執行認知行為治療的醫護人員。這個政策導致各機構對其他取向撤資，也讓許多精熟的實務工作者離去。這種嚴苛的作風

目前正在緩和中，部分原因是，對於認知行為治療成效的評估，鮮少達到
50% 的成功率（世界各地對所有心理治療的研究證明，成功率通常會達
到 60% ～70%）。瑞典政府也嘗試了類似的認知行為治療計畫，但導致
治療成功率急劇下降，現今已正式放棄；目前，他們正在制定正式的焦點
解決短期治療實務工作者的認證系統。

　　目前在新加坡、日本、韓國和印度，都已有相當活躍的焦點解決短期
治療組織。瑞典、波蘭、奧地利在其執業資格系統裡，也已認可了焦點解
決短期治療。德國負責監督「系統取向實務工作」（systemic practice）
執照許可的主要機構，如今正在考慮將焦點解決短期治療納為「系統取向
實務工作」模式之一。然而，並非所有人都接受焦點解決短期治療是一
種「系統取向實務工作」的模式。有時，焦點解決短期治療還被視為歸
屬於正向心理學、動機式晤談、人際導向治療、人本關懷導向治療、整合
性治療，甚至是認知行為治療〔或者也被一位同事命名為「隱微的認知
行為治療」（cognitive-behavioural therapy by stealth）〕。而來自加拿大
的 Allan Wade，或是 Michael White 和 David Epston 這樣有成的敘事治療
師，他們的高超技巧和細微的工作，與焦點解決短期治療有著密切的關
係。對於這個現象，我個人的觀察與看法是，每個人都將焦點解決短期治
療視為自己原有治療取向的後續發展模式；因此，家族治療師認為焦點解
決短期治療是系統性的，行為學派治療師認為焦點解決短期治療是認知行
為取向，而某些治療師則認為焦點解決短期治療是很人本的。

◈ 焦點解決短期治療世界的最新發展

　　美國和其他國家的眾多「員工援助計畫」（Employee Assistance
Programmes, EAPs），都將焦點解決方案運用於電話求助諮詢熱線服
務。儘管跨國諮商與諮詢存在著由哪一國家的法律及保險制度主責的議
題，電子郵件諮商、視訊諮商仍成為一個不斷發展的領域。

　　幾年前在美國進行的一項實驗研究發現，於網路會談的當事人常能猜

測到，於網路會談中，眼前的電腦只是透過程式（而非真人），以隨機的方式來對自己回應「是」或「否」而已。然而，據說現今的聊天機器人，已能有效地散布假新聞、讓聽眾參與調查，以及製作具有枕邊談話功能的性玩偶（若你想知道，這些娃娃要價 10,000 美元）。現在，在家裡就有各種電子設備能與人聊天，並向你建議它們認為你需要的事物，例如調節暖氣的溫度、購買更多雜貨等。有些隨之而來的麻煩情況，在早期曾浮現出來：例如曾發生一隻鸚鵡模仿主人的聲音，從亞馬遜網站訂購東西；超聲波海豚呼叫，可以啟動防盜警報或將門打開等。那麼你是否相信，未來的下一步發展是：一個治療師玩偶，使用著焦點解決短期治療方法來幫助人們緩解焦慮？

Steve de Shazer 經常重複一句話：「『短期』意味著：無須進行沒有必要的會談（Brief means not one session more than is needed）。」依循著此一說法，關於許多單次治療及免預約的步入式診所（walk-in clinics）的研究發現：以焦點解決短期治療作為主要的工作模式，其成功率與其他單次治療之處遇模式旗鼓相當。這個發現是很重要的，因為許多國家缺乏治療師和相關資源，單次治療可能是唯一可行的選擇。在我們的研究中（Macdonald, 2005），四分之一的當事人只參加了一次會談，但他們的回饋顯示，會談結果的成功率和其他參與多次會談的當事人反應相同。我們也發現，曠日持久的問題，預測了較低的改善率。另一個世界各地的重要發現是：當事人的社會階層背景，並不影響其對焦點解決處遇措施的反應。大量研究表明，焦點解決短期治療對於所有社會階層的當事人，協助效果都是一樣的。這是很重要的發現，因為所有的其他治療方法，都顯示社會階級背景會影響治療效果；亦即，較高的社會階層，往往代表著會有更好的治療結果。這世界上很多人們的資源是相當有限的，因此，焦點解決短期治療的這項特徵，擁有非常具有價值的意義與益處。

在臨終關懷及其他工作場域中，消極的想法在當事人的生活中十分明顯。此時，我會使用一種工具來進行工作：隨時在手中握有一份清單，上

面記錄著生命中一些特別的時刻。「閃耀時刻」的概念最初來自敘事治療，但可以擴展至其他用途。這份清單內容可以是最近的、或這一生的特殊時光，如此，人們可以在心中溫習，也可以用書面方式進行回顧。回憶起這些美好的時光，將有助我們提升自尊。這樣的清單，還可用作放鬆／舒適提示，或用於冥想或睡眠誘導。有時當事人會與親人分享這份清單，但有些人喜歡將這份清單作為一個秘密的個人擁有。

2006 年，美國的 Linda Metcalf 和 Bill O'Hanlon 為遭遇困境的夫婦出版了一本自助書：《奇蹟問句》（*The Miracle Question*）。這本書中有許多地方可以讓讀者就書裡的焦點解決問句，寫下自己的答案。經驗豐富的執業者 Ghul（2017）在英國開發了一種新的自助版焦點解決方法，主要的重點是：少強調問題和目標。多看看自己擁有的資源以及可能的小步驟；使用奇蹟問句並留意例外，以增加可能性。保持簡單！保持在軌道上——評量問句會有助於此。

於精神疾病治療的重症病房以及監獄人群的服務經驗中，我得知在這些極具挑戰性的環境中，焦點解決短期治療確實能提供諸多的協助（Macdonald, 2007, 2011）。許多法庭小組和衝突管理小組，也都報告了成功的結果。我們醫院的安全相關單位發現，從一接觸到當事人時，就可以立即開始工作，因為焦點解決工作方式並不需要詳細的背景資訊。談話時間較簡短的方式，對於注意力有限的人來說是有益處的。實用的語言和共同商定的目標，增加了當事人的動力，也縮短了其停留於服務中的時間。當然，身為工作者的我們，也懷有治療過程的某些必要目標（如減少暴力）；當然，我們會開放地與住院患者或受刑人分享這些必要的目標。如有需要時，我們也會與當事人協商是否納入藥物治療方案。我們知道，當事人會從不同治療方式的選擇中受益，當發現另一種治療方式被證明是一個有用的選項時，當事人很容易改為選擇它。若能證明該治療方式有所助益時，家庭也會被吸引到這個模式的工作中。使用焦點解決取向對專業協助進行說明，移交當事人給其他團隊的過程會變得更為簡單。後來，我

們的部門竟然成為了「在這個複雜、有時具危險性的工作領域中，能有高效能及快速復原」的代名詞。使用焦點解決取向，使得工作團隊間的訊息共用變得更易於實現，也更能將新的思維留在病人的腦海之中。

在英國，焦點解決短期治療是服務學習障礙者、藥物和酒精使用者常用的模式。我曾在這兩種服務機構中工作過。焦點解決工作裡，強調使用簡單直接的語言，這方式似乎讓當事人及其家庭更容易接受。英國律師助理 Eileen Murphy 開發了一種「無聲會談」（Silent Session）技術，應用處於監獄中的當事人。此方法緣自於：監獄中的當事人不希望談話後，還得害怕方才講的內容會變成呈堂證供。這個技術的操作方法是：她坐在當事人身後，看不到當事人的反應，但是她請當事人聽取她的提問並在自己的心中回答，當他們在心中完成回答之後，舉起一根手指示意；或者，於回答評量問句時，受刑人可適時以手指數量表明答案。

Plamen Panayotov 博士是保加利亞的精神科醫生，他與同事一起研發一種由當事人主導的治療方法。他認為，所有行為一旦發生過一次，隨後將能成為一種習慣。目前此方法採用的名稱是 CoLeC（Conversations Led by Clients），意指「由當事人引導對話」。CoLeC 方法基於 Thi-Qu-An-D-Ob-Re 描述模型，此模型描述了治療師和當事人實際一起進行的歷程，即：思考、提問、回答、行動、觀察及回顧（Thinking, Questioning, Answering, Doing, Observing, and Reviewing）。CoLeC 模式基於一個假定：若當事人自己能有效完成上述活動中的任何一項，治療師便應該克制自己避免去執行這些步驟。CoLeC 超越了傳統的焦點解決短期治療做法，但兩者對於當事人持有相同的基本信念，深信當事人具備的能力是他們自己最好的幫手。CoLeC 強調當事人擁有的知識並負責決定處遇的時機，即：當事人選擇進行討論的時機及脈絡、決定何謂最有用的問句，並且在當事人想到任何自己可以運用的有效問句和資源時，都可以選擇自己是否需要離開會談，或於何時返回治療。

CoLeC：QuQu（Questioning for useful questions）──詢問對治療有

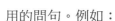

用的問句。例如：

- 啟動思維的問句（mind-activating question, MAQ）：「你認為，現在（或在我們的下一次會談中），你能從我這裡聽到最有用的問句是什麼？」如果當事人回答了，治療師便接著向當事人提問其所提出的問句。
- 時間導向的問句（time-oriented question, TOQ）：「此刻我們討論什麼會是最有用的？是過去、現在、還是未來？」
- 多重選擇問句（multiple-choice question, MuQ）：「這些問句中，哪一個問句對你最適合？」請當事人從治療師提供的問句清單中找尋，選出一個問句。然後治療師向當事人提問這個被選出的問句。
- 延遲答案問句（delayed-answers question, DAQ）：如果當事人對於某個特定問句沒有任何答案，請他們在下次會談前繼續思考這個問句；然後，接著詢問他：「什麼時候進行下次會談？」

如果當事人詢問「為什麼？」則先問他們：「你認為最簡單的、最可能的解釋是什麼？」如果他們沒有答案，建議治療師嘗試以下列方法之一來作為回應的開始：「問題往往先發生了，然後變成一種習慣……」、「因為你們彼此相愛……」、「因為你是一個活生生的人……」、「這是你強大的能量……」、「因為你是這麼說……」

我認為上述的延遲答案問句，乃源自於原始的 MRI 模式。MRI 模式經常提到：「慢速前進」（go slow）。Steve de Shazer 曾提到一個有用的變化式，例如對當事人說：「你先考慮各種可能性，但是在我們下次見面之前，別去做任何事。」告訴當事人什麼事情也別做，往往會讓他們產生某些行動。對於改變，人們通常有著自己的速度，而當事人時常也會告訴治療師他們喜歡什麼樣的節奏；這些，都將會讓治療師得知當事人對於他們一起工作的進展，有著什麼樣的期望。在與孩子們一起工作時，我們的團隊談到，有「慢速引擎」（如卡車）或「高速引擎」（如跑車）兩類

孩子，一般的家庭似乎認為這是個可以理解的比喻。

CoLeC 模式已被擴大應用，如青少年的「成功步驟日記」（Steps to Success diary）。也如「好問題日記」（Good Questions Diary）的手機應用程式版本，像是「MySuGo」等，已可在 Android 和 iOS 裝置上使用。而最近製作的某部電影（為一半虛構、一半紀錄片的形式），也反映了某些 CoLeC 的想法（http://en.solutions-centre-rousse-bulgaria.org/files/simple_therapy.pdf）。

Panayotov（2018）建議，若我們稍加檢視就會發現，所有治療的開始都源於當事人的一個提問：「我什麼時候能夠來見你？」甚至還更為簡單。佛洛伊德恰好接受過醫學訓練，因而他以醫學模式進行心理治療，而這竟然就變成一種普遍廣傳的治療習慣了！

我想，作為醫生，我自己和其他人可以結束這樣的混亂，因為我們應該清楚「當事人」和「病人」兩者不同的需要。前者是來進行對話（conversation），後者需要的是治療（treatment）（當然，在個別的特殊情況下，這兩者可採某種方式混合進行）。Panayotov 曾引用一位資深精神病學家的話：「因為有了長效抗精神病藥，而讓我們能夠與病人交談。」這也證實了我自己的訓練經驗。所以，依循這一條路線，我們可以說，治療（treatment），讓病人成為當事人，並且讓心理治療（therapy）轉向「對話」（conversation）（以及它們的組合）。當長效抗精神病藥剛被發明時，我才開始我的專業訓練。這項改變帶給病人和醫院環境的變化十分顯著！所以，對話和建設性的想法也變得更具可能性。

據我所知，在德國醫學界目前有一種趨勢，即採用所謂的 GOG（Gesundheitsorientierte Gesprächsführung）——一種以健康為導向的對話。在英國，國家醫療服務體系不斷縮編其規模，而目前剩下的單位，正在鼓勵採用類似焦點解決短期治療的做法。某些國家的醫生開始意識到，他們可以在和病人的談話中，添加焦點解決短期治療的元素，將會為他們的病人帶來更多額外的益處（或許，我們應該稱呼他們為「當事人？」）。

　　我想，我們都可以開始在許多新的應用中，見證焦點解決思維的新思想。所有這些新思想都凸顯著一個重點：改變了原來我們如何思考所謂「問題」的方式，不管是獨自一人，或與他人一起。當我們圍繞這些新思維進行思考時，這些思考的歷程，也會擴展我們在此種新思維中的腦神經通路。Atkinson 等人（2005）已討論過在大腦中創建新通路的重要性，不管使用的是何種治療模式。這個過程可能是無聲的（如自助書籍、Murphy 的無聲會談）、涉及對話的（如 Panayotov、「短期」機構），或者包含了其他當事人的群體（如 Greenberg 及其他許多焦點解決團體的使用者）。

　　所以，這就是焦點解決短期治療到目前為止的故事。然而，顯然易見的是，將會有更多、更多的創新，不間斷地接踵而來！

參考文獻

Andersen, T. (1991). *The reflecting team: Dialogues and dialogues about the dialogues.* New York: Norton.

Atkinson, B., Atkinson, L., Kutz, P., Lata, J., Lata, K. W., Szekely, J., & Weiss, P. (2005). Rewiring neural states in couples therapy: Advances from affective neuroscience. *Journal of Systemic Therapies: Special Issue: Psychotherapy and Neuroscience, 24*(3), 3-16.

Bannink, F. (2010). *Handbook of solution-focused conflict management.* Cambridge, MA: Hogrefe & Huber.

Bannink, F. (2014). *Post traumatic success: Solution-focused strategies to help clients survive and thrive.* New York: Norton.

Bargh, J. A., Chen, M., & Burrows, L. (1996). Automaticity of social behaviour: Direct effects of trait construct and stereo-type activity on action. *Journal of Personality and Social Psychology, 71*(2), 230-244.

Berg, I. K., & Steiner, T. (2003). *Children's solution work.* London: W. W. Norton.

Blasé, K., & McKergow, M. (2006). Meanings affect the heart - SF questions and heart coherence. In G. Lueger & H-P. Korn (Eds.), *Solution-focused management* (pp. 111-119). Munchen: Ranier Hampp Verlag.

Breen, L. J., & O'Connor, M. (2011). Family and social networks after bereavement: Experiences of support, change and isolation. *Journal of Family Therapy, 33*, 98-120.

Chiles, J. A., & Strosahl, K. (2005). *Clinical manual for assessment and treatment of suicidal patients.* Washington, DC: American Psychiatric Publishing.

de Shazer, S. (1985). *Keys to solution in brief therapy.* New York: Norton.

Dolan, Y. (1998). *Beyond survival: Living well is the best revenge.* London: BT Press.

Fiske, H. (2008). *Hope in action: Solution-focused conversations about suicide.* New York: Routledge.

Ghul, R. (2017). *The power of the next small step.* Keller, TX: Connie Institute.

Greenberg, G. S. (1998). Brief, change-delineating group therapy with acute and chronically mentally ill clients: An achievement-oriented approach. In W. A. Ray & S. de Shazer (Eds.), *Evolving brief therapies* (pp. 142-232). Iowa City, IA: Geist and Russell.

Hausdorff, J. M., Levy, B. R., & Wei, J. Y. (1999). The power of ageism on physical function of older persons: Reversibility of age-related gait changes. *Journal of the American Geriatrics Society, 47*(11), 1346-1349.

Henden, J. (2005). *Preventing suicide: The Solution focused approach.* Chichester, UK: Wiley.

Henden, J. (2011). *Beating Combat Stress: 101 techniques for recovery.* Chichester, UK: Wiley-Blackwell.

Henden, J. (2017). *What it takes to thrive: Techniques for severe trauma and stress recovery.* World Scientific Publishing Company.

Isebaert, L. (2017). *Solution-focused cognitive and systemic therapy: The Bruges model.* New York: Routledge.

Iveson, C., & McKergow, M. (2016). Brief therapy: Focused description development. *Journal of Solution-Focused Brief Therapy, 2*(1), 1-17.

Jackson, P. Z., & McKergow, M. (2002). *The solutions focus: The simple way to positive change.* London: Nicholas Brearley.

Johnson, L. D., Miller S. D., & Duncan, B. L. (2000). *Session Rating Scale (SRS V.3.0).* Retrieved December 20, 2017 from https://betteroutcomesnow.com/resources/

articles-handouts/

Joiner, T. E. (2005). *Why people die by suicide.* Cambridge, MA: Harvard University Press.

Korman, H. (2004). *Common Project.* Retrieved December 12, 2017 from http://www. sikt.nu/publications/

Macdonald, A. J. (2005). Brief therapy in adult psychiatry: Results from 15 years of practice. *Journal of Family Therapy, 27,* 65-75.

Macdonald, A. J. (2007). *Solution-focused therapy: Theory, research and practice.* London: Sage.

Macdonald, A. J. (2011). *Solution-focused therapy: Theory, research and practice* (2nd ed.). London: Sage.

Macdonald, A. J. (2018). Solution-focused therapy: The story so far. In T. Switek, B. Strahilov, & P. Panayotov (Eds.), *Making Waves: Solution focused practice in Europe: 25th anniversary conference book* (pp. 13-31). Sofia: PiK-BS.

McGlone, M. S., Aronson, J., & Kobrynowicz, D. (2006). Stereotype threat and the gender gap in political knowledge. *Psychology of Women Quarterly, 30*(4), 392-398.

McKergow, M. (2017). SFBT 2.0: The next generation of Solution-Focused Brief Therapy has already arrived. *Journal of Solution-Focused Brief Therapy, 2*(2), 1-17.

Metcalf, L., & O'Hanlon, B. (2006). *The Miracle question: Answer it and change your life.* Carmarthen: Crown House.

Miller, S. D., & Duncan, B. L. (2000). *Outcome Rating Scale (ORS).* Retrieved December 20, 2017 from https://betteroutcomesnow.com/resources/articles-handouts/

Miller, S. D., & Berg, I. K. (1995). *The Miracle method: A radically new approach to problem drinking.* New York: Norton.

Milner, J., & Myers, S. (2017). *Creative ideas for Solution focused practice: Inspiring guidance, ideas and activities.* London: Jessica Kingsley.

Murphy, J. J. (1997). *Solution-focused counselling in middle and high schools.* Alexandria, VA: American Counselling Association.

Norman, H., Hjerth, M., & Pidsley, T. (2005). Solution-focused reflecting teams in action. In M. McKergow, & J. Clarke (Eds.), *Positive approaches to change: Applications of solutions focused and appreciative enquiry at work* (pp. 67-80). Cheltenham: Solutions Books.

Panayotov, P. (2018). *Solution is only a smile away.* Retrieved January 12, 2018 from http://en.solutions-centre-rousse-bulgaria.org/files/simple_therapy.pdf

Panayotov, P., & Strahilov, B. (2019). The ultimate self-helper. In P. Panayotov, & B. Strahilov (Eds.), *Signs on the road from therapy to conversations led by clients* (pp. 7-9). Mauritius: LAP Lambert Academic.

Peacock, F. (2001). *Water the flowers, not the weeds.* Montreal: Open Heart.

Prochaska, J. O., & DiClemente, C. C. (1982). Transtheoretical therapy: Toward a more integrative model of change. *Psychotherapy: Theory, Research and Practice, 19,* 276-288.

Prochaska, J. O. (1999). How do people change, and how can we change to help many more people? In M. A. Hubble, B. L. Duncan, & S. D. Miller (Eds.), *The heart and soul of change: What works in therapy.* Washington, DC: American Psychological Association.

Ratner, H., & Yusuf, D. (2015). *Brief coaching with children and young people: A Solution-focused approach.* London/New York: Routledge.

Reivich, K., & Shatte, A. (2003). *The resilience factor: 7 Keys to finding your inner strength and overcoming life's hurdles.* New York: Broadway Books.

Rosenkranz, M. A., Busse, W. W., Johnstone, T., Swenson, C. A., Crisafi, G. M., Jackson, M. M., Bosch, J. A., Sheridan, J. F., & Davidson, R. J. (2005). Neural circuitry underlying the interaction between emotion and asthma symptom exacerbation. *Proceedings of the National Academy of Sciences, 102,* 13319-

13324.

Shennan, G. (2014). *Solution-focused practice: Effective communication to facilitate change.* Basingstoke: Palgrave Macmillan.

Shilts, L. (2008). The WOWW program. In P. DeJong, & I. K. Berg (Eds.), *Interviewing for solutions* (3rd ed.) (pp. 286-293). San Francisco, CA: Brooks/ Cole.

Turnell, A., & Edwards, S. (1999). *Signs of safety: A solution and safety oriented approach to child protection casework.* New York: Norton.

van Baaren, R. B., Holland, R. W., Steenaert, B., & van Knippenberg, A. (2003). Mimicry for money: Behavioral consequences of imitation. *Journal of Experimental Social Psychology, 39*(4), 393-398.

Walker, L. (2005). E makua ana youth circles: A transition planning process for youth exiting foster care. *VOMA Connections, 21*(5), 12-13.

Warnick, J. E., & Warnick, K. (2009). Specification of variables predictive of victories in the sport of boxing: II. Further characterization of previous success. *Perceptual and Motor Skills, 108*(1), 137-138.

Watzlawick, P., Weakland, J. H., & Fisch, R. (1974). *Change: Principles of problem formation and problem resolution.* New York: Norton.

White, M. (1998). Saying hullo again: The incorporation of the lost relationship in the resolution of grief. In C. White, & D. Denborough (Eds.), *Introducing narrative therapy: A collection of practice-based writings.* Adelaide: Dulwich Centre.

Reflection

國家圖書館出版品預行編目（CIP）資料

焦點解決短期治療訓練手冊／Alasdair J. Macdonald著；
　許維素、陳宣融譯. -- 初版. -- 新北市：心理出版社
股份有限公司, 2022.03
　　面；　公分. --（焦點解決系列；22316）
　　譯自：A workbook on solution-focused brief therapy
with exercises for trainers.
　　ISBN 978-986-0744-70-5（平裝）

　　1. CST: 心理治療　2. CST: 心理諮商

178.8　　　　　　　　　　　　　　　　　111002304

焦點解決系列 22316

焦點解決短期治療訓練手冊

作　　者：Alasdair J. Macdonald
譯　　者：許維素、陳宣融
執行編輯：林汝穎
總 編 輯：林敬堯
發 行 人：洪有義
出 版 者：心理出版社股份有限公司
地　　址：231026 新北市新店區光明街 288 號 7 樓
電　　話：(02) 29150566
傳　　真：(02) 29152928
郵撥帳號：19293172　心理出版社股份有限公司
網　　址：https://www.psy.com.tw
電子信箱：psychoco@ms15.hinet.net
排 版 者：龍虎電腦排版股份有限公司
印 刷 者：龍虎電腦排版股份有限公司
初版一刷：2022 年 3 月
Ｉ Ｓ Ｂ Ｎ：978-986-0744-70-5
定　　價：新台幣 300 元